核心素养视域下思想政治理论课教学质量评价体系研究

彭国平 著

辽宁人民出版社

© 彭国平 2023

图书在版编目（CIP）数据

核心素养视域下思想政治理论课教学质量评价体系研究 / 彭国平著 . —沈阳 : 辽宁人民出版社, 2023.10
ISBN 978-7-205-10817-5

Ⅰ.①核… Ⅱ.①彭… Ⅲ.①高等学校—思想政治教育—教学研究—中国 Ⅳ.①G641

中国国家版本馆CIP数据核字（2023）第144026号

出版发行：辽宁人民出版社
地　址：沈阳市和平区十一纬路25号　邮编：110003
http://www.lnpph.com.cn
印　　刷：辽宁一诺广告印务有限公司
幅面尺寸：170mm×240mm
印　张：14
字　数：215千字
出版时间：2023年10月第1版
印刷时间：2023年10月第1次印刷
责任编辑：张天恒　王晓筱
装帧设计：众翔设计
责任校对：吴艳杰
书　　号：ISBN 978-7-205-10817-5
定　价：35.00元

前 言

高校思想政治理论课（简称"思政课"）评价体系的构建问题是关系到能否发挥思政课的重要作用、能否提升教师教学水平、教学中能否激发学生兴趣的重要问题，是学界应当花费时间和精力展开深入全面研究的问题。目前高校思政课教学仍处于改革发展的过程中，配套的评价体系显得尤为重要，针对这一问题还有广阔的研究空间。党的十八大以来，以习近平同志为核心的党中央高度重视思想政治理论课的改革创新。在中央教育政策指引下，我国高校思想政治教育工作在探索中前进，形成了一系列规律性的认识，获得了一些成功经验，为新时代高校思想政治教育创新发展奠定了坚实基础。高校思想政治理论课是高校思想政治教育的主阵地、主渠道，对传播马克思主义思想、推动马克思主义中国化、时代化、大众化具有举足轻重的实践意义，为有效落实立德树人任务、积极培养中国特色社会主义合格建设者和可靠接班人提供坚强支撑。教学评价是评估高校思想政治理论课教学实效性的重要途径，建构思想政治理论课科学评价指标体系，不仅有助于实现思想政治理论课全员育人、全程育人、全方位育人的目标，也能为高校思想政治理论课教学水平、课程建设提供方向引领和根本保障。

随着教育评估机构和学术组织的不断发展，我国在教育评估的理论研究和实践探索领域已取得显著成就。但是，专门针对思想政治教育的评价体系和质量标准体系的研究相对于其他的教育评价体系和质量标准体系建立的研究就比较少见，而立足核心素养视域下进行思想政治理论课教学质量评价体系研究就更是少之又少。因此，本书从学理角度梳理核心素养视域下高校思想政治理论课教学质量评价体系的理论基础、主要内容、维度和基本原则、主客体等内容，并且积极探索核心素养视域下思想政治理论课教学质量评价体系优化策略，以期为推进思想政治教育工作质量评价体系构建提供一些可行性建议。

　　本书主要包括八个章节。第一章是"核心素养相关概念释义"，对素养、核心素养的内涵，以及核心素养和思想政治理论课教学模式构建关系进行系统梳理；第二章是"高校思想政治理论课教学质量评价体系"，从评价、教育评价和高校思想政治理论课教学质量评价体系三个方面进行系统阐述；第三章是"核心素养视域下思想政治理论课教学质量评价体系的理论基础"，为构建核心素养视域下思想政治理论课教学质量评价体系提供理论支撑；第四章是"核心素养视域下思想政治理论课教学质量评价体系的主要内容"，从四个方面依次阐述；第五章是"核心素养视域下高校思想政治理论课教学质量评价体系的维度和构建原则"，阐述了构建高校思想政治理论课教学质量评价体系的两个维度和四个原则；第六章是"核心素养视域下高校思想政治理论课教学质量评价的历程和方法"，梳理高校思想政治理论课教学质量评价演变历程，阐释四种模式和方法；第七章是"核心素养视域下高校思想政治理论课教学质量评价的主客体"，阐述核心素养视域下高校思想政治理论课教学质量评价的主客体内涵、特点和互动关系；第八章是"核心素养视域下思想政治理论课教学质量评价体系优化"，提出目前存在的问题、问题产生的原因，并给出相应的优化建议。

　　本书为武汉市教育局教学研究课题"核心素养视域下思想政治理论课教学质量评价体系研究"（课题编号：2017041）研究成果。在编写过程中广泛参阅了同行的相关研究成果，在行文中未能一一列明，在此一并表示诚挚的感谢。但限于编者水平有限，故恳请各位读者和专家不吝赐教，以使本书更加完善。本书的出版，得到了武汉城市职业学院的大力支持。

著者
2023年4月

目 录

前言 ·· 001
绪论　思想政治理论课评价体系研究综述 ··· 001

第一章　核心素养相关概念释义 ·· 017
　　第一节　素养的内涵 ·· 017
　　第二节　核心素养的内涵 ·· 020
　　第三节　学生核心素养的提出 ·· 028
　　第四节　学科教学知识之于核心素养的价值 ···································· 034
　　第五节　基于学生发展核心素养的思想政治理论课教学模式
　　　　　　构建 ·· 038

第二章　高校思想政治理论课教学质量评价体系 ··································· 042
　　第一节　评价及评价的价值 ·· 042
　　第二节　教育评价的价值理解 ·· 050
　　第三节　高校思想政治理论课教学评价体系概述 ···························· 059

**第三章　核心素养视域下思想政治理论课教学质量评价体系的
　　　　　理论基础** ·· 067
　　第一节　马克思主义思想政治教育基本理论 ···································· 067
　　第二节　马克思主义关于人的全面发展理论 ···································· 070
　　第三节　习近平总书记关于青年学生思想政治教育内容的论述
　　　　　　 ·· 076
　　第四节　其他相关理论 ·· 083

**第四章　核心素养视域下思想政治理论课教学质量评价体系
　　　　　的主要内容** ·· 087
　　第一节　高校思想政治理论课教育对象接受质量评价 ·················· 087
　　第二节　高校思想政治理论课教育过程质量评价 ·························· 094

　　　　第三节　高校思想政治教育结果质量评价 …………………… 100
　　　　第四节　高校思想政治教育队伍质量评价 …………………… 107

第五章　核心素养视域下高校思想政治理论课教学质量评价
　　　　体系的维度和构建原则 ………………………………………… 114
　　　　第一节　核心素养视域下高校思想政治理论课教学质量评价
　　　　　　　　的维度 ………………………………………………… 114
　　　　第二节　核心素养视域下高校思想政治理论课教学质量评价
　　　　　　　　体系的构建原则 ……………………………………… 120

第六章　核心素养视域下高校思想政治理论课教学质量评价
　　　　的历程和方法 …………………………………………………… 128
　　　　第一节　高校思想政治理论课教学评价的历程 …………… 128
　　　　第二节　核心素养视域下高校思想政治教育工作质量评价的
　　　　　　　　四种模式 ……………………………………………… 133
　　　　第三节　高校开展思想政治教育工作质量评价的几种方法
　　　　　　　　………………………………………………………… 136

第七章　核心素养视域下高校思想政治理论课教学质量评价
　　　　的主客体 ………………………………………………………… 144
　　　　第一节　高校思想政治教育工作质量评价的主体 ………… 144
　　　　第二节　高校思想政治教育工作质量评价的客体 ………… 156
　　　　第三节　高校思想政治教育工作质量评价的主客体互动 … 167

第八章　核心素养视域下思想政治理论课教学质量评价
　　　　体系优化 ………………………………………………………… 178
　　　　第一节　核心素养视域下思想政治理论课教学质量评价体系
　　　　　　　　构建的指导思想和核心要素 ………………………… 178
　　　　第二节　核心素养视域下思想政治理论课教学质量评价体系
　　　　　　　　中存在的主要问题及影响因素 ……………………… 183
　　　　第三节　核心素养视域下思想政治理论课教学质量评价体系
　　　　　　　　的优化策略 …………………………………………… 190

附　录 …………………………………………………………………… 204
参考文献 ………………………………………………………………… 217

绪论

思想政治理论课评价体系研究综述

习近平总书记2019年3月18日在学校思想政治理论课教师座谈会上指出，思想政治理论课是落实立德树人根本任务的关键课程，推动思想政治理论课改革创新，要坚持"政治性和学理性相统一、价值性和知识性相统一、建设性和批判性相统一、理论性和实践性相统一、统一性和多样性相统一、主导性和主体性相统一、灌输性和启发性相统一、显性教育与隐性教育相统一"。这"八个相统一"是在长期以来我国思政课建设形成的"一系列规律性认识和成功经验的科学概括"的基础上，"紧紧围绕新时代思政课建设要解决好的主要矛盾和问题，深刻回答了新时代思政课改革创新的重点和难点问题"①，揭示了思政课创新发展的内在规律，构成了思政课教学质量评价的标准。

一、思想政治理论课评价体系研究综述②

（一）思政课教学评价体系研究

思政课教学评价体系的相关研究主要致力于回答"思政课评价应该遵循什么理念和原则""应该构建什么样的思政课评价体系"

---

① 冯刚，陈步云.坚持"八个统一"推动思政课改革创新（之一）深刻把握新时代思政课"八个统一"的建设规律[J].中国高等教育，2019（9）：11.
② 思想政治理论课评价体系研究综述由梁雨珂完成。

"现有思政课评价体系存在什么问题"等问题。

第一，从思政课评价的宏观视角出发，许多学者从理念层面提出了评价体系建设的方向。

张彦（2022）提出，针对推进"大思政课"的发展方向，同样也应当树立一种"大评价观"。以强化否定性指标、健全审查性指标、拓展提升性指标的"三维评价"提升"大思政课"的方向性、有效性和发展性，同时将思政课教育过程中的各项要素纳入教育评价，革新教育评价的视角。另外，对于社会评价的维度，要树立系统思维、运用系统方法，构建系统的综合评价体系。陈大文、姜彦杨（2021）从大中小学思政课教学评价一体化的视角切入，指出要强化教学评价主体的协同性，发挥学生主体、教师主导作用，提升教学评价标准的规范性，遵循科学性和有效性原则、体现导向性和现实性作用，增进教学评价方法的适切性，将结果评价和过程评价、定性和定量评价、动态和静态评价结合起来。吕小亮（2019）梳理了思政课教学的变化、现状，并对教学发展问题进行了一定的剖析，在点明思政课教学改革基本原则、要求、思路的基础上，提出了课程评价视角下思政课教学改革的发展对策，基于学生需求优化教学设计，瞄准教学过程加强教学互动，依循传统基础革新教学方法，遵照学习投入革新教学评价，始于教学实践建设教师团队，依照教学需求改善教学条件。李基礼（2015）提出，科学开展思政课教学评价，首先要"回归高校思想政治理论课教学作为一般高校课程教学的本位"，进而厘清思政课教学评价存在"学生与课程""课堂效果与教学质量""教学理论与社会现实"之间的三重张力，强调思政课评价体系的构建应注意进一步明确思政课教学评价的目标，合理选择评价主体，明确不同主体的地位，科学使用评价方法，明确定量分析的边界。

第二，从思政课评价的体系构建出发，许多学者立足不同的切入点提出了具体指标设计方案。张正等学者（2022）构建了将思政课教学总目标作为目标层、6个一级指标作为准则层、22个二级指标作为方案层的教学质量层次结构模型，采用层次分析法对各项指标的权重进行了设置，并通过向学生发放问卷的形式对该指标体系进行了实证检验。陆启越（2021）创造性构建了高校思政课过程性评价的双螺旋模型，以教师教学和学生学习作为其中的两个子系统，在过程性评价的作用下实现非线性的螺旋递进，最终构建"一体两翼三维四元"的过程性评价体系，教师教学子系统涉及知识传授、思想引导、实践转化，学生学习子系统涉及课堂教学、课外实践、自主学习。白双翎（2021）以政治性、系统性、科学性、可行性、动态性为基本原则，搭建了思政课教学评价指标体系的基本框架，包括教学目标、教学活动、教学能力、教学反馈四个维度的评价，又将每个方面细分为2~4个具体指标，提出了符合思政课特殊性的教学评价体系。张春萍、孙培军（2021）构建了教学大纲指标、教学进度表指标、教师教案指标、课堂教学指标、课程考核指标五个方面的思政课评价指标，侧重过程评价，将评价重点落到课程目标、内容和课堂设计上，对课堂评价方式进行了创新。黄元全（2014）构建了一个基于"需求者本位"的思想政治理论课质量评价体系，"由课程目标导向系统、教学操作规范系统、课程质量监控系统、课程效果考核系统"构成，其中教学操作规范系统包括教材、队伍、教学质量三个方面的含义，最终形成基于上述四个子系统作用发挥的教学质量保障系统。

第三，从思政课评价体系的实践出发，许多学者依据理论模型和基本理念指出了现有评价体系的问题。李锋清（2022）基于以背景、输入、过程、结果评价为四个主要维度的CIPP评价理论，指出思政课实践教学评价存在评价内容不全面、评价方式单一、过程评价不受重视等问题，提出应丰富评价内容、优化评价主体、强化过程评价。魏崇辉、徐梦萍（2021）立足主导性和主体性相统一的理论基点，指出现实中重视评价模型、评价目标、评价形式设计，却忽略了教师数据素养培养、教学质量改进、师生互动等真正能够提升教学质量的问题，点出理论与实际产生断裂的现实困境。秦自洁（2022）调研分析了江苏省12所高职院校，指出了现有思政课教师评价体系存在的问题。首先，评价内容缺乏针对性，用与其他专业课教师一致的评价标准来衡量思政课教师的工作成效；其次，评价过程缺乏科学性，叙述性强、单向沟通的评价过程难以建立反馈调整的良性循环；最后，评价结果反馈缺乏合理性，缺乏向教师的具体反馈。基于高职院校的思政课实践，毛加明、李飞（2020）指出传统高职院校思政课评价模式存在测量模式覆盖不全面、反馈机制驱动不及时、能力构建理念不突出的问题，在"互联网+"的背景下，应当利用技术模式提升数据处理和信息收集能力，用信息化评价系统进行体系重构。

（二）思政课学生考核评价体系研究

思政课学生考核评价体系的有关研究主要回答"思政课应当如何考核检验学生的学习成效"的问题，利用不同的视角和切入点展开研究。

第一，立足不同的理论基点和价值取向，许多学者提出了各有侧重的考核评价体系。李鸿凯、冯改花（2022）指出，思政课考核评价要以学生获得感作为中心和逻辑起点，根据课程特点将思政课评价的"虚"与"实"有机统一起来，同时评价模块的多维性也应当凸显以学生为本的原则，将定性与定量、形成性与诊断性、全面与多元结合起来，建立科学合理的体系，构建落实保障机制，完善改进机制。杨廷强（2021）以学生课堂参与为中心，提出思政课课堂教学评价指标应由知识、能力、思想、过程四个方面指标构成，其中知识指标是基础指标，能力指标是关键指标，思想指标即价值观指标是核心指标，这是思政课与其他专业课程在考核评价中的重要区别，过程指标也是教学评价的重要指标，主要包括学生课堂参与的积极性、主动性、到课率、抬头率等。刘巧莉（2020）指出，考核评价体系应当适应思政课改革的总体需要，相应进行改革，首先应健全过程性考核评价的具体内容，关注学生的学习态度和重视程度，同时反馈的内容也可以为教师调整改进服务，其次将移动互联技术引入思政课考核评价，合理利用手机进行课堂互动、考核评价，让手机为思政课学习服务。董延升（2018）基于能力目标，指出思政课评价体系改革的基本目标是提升学生的价值判断能力和分析思辨能力，引导学生树立正确的人生观、价值观、世界观，推进思政课考试与评价体系改革需要协同推进教学改革、学生学习方式转变、构建多元化综合考核体系，可以采用"平时+期末""平时+期中+期末""平时+课程论文+期末""平时+机考（免考）"的综合性全程考试模式。钱翠玉（2016）指出，学业评价应坚持"多元化"评价理念和"一体化"综合性评价原则，针对综合评价的导向，以三分之二的课堂理论教学与三分之一的实践教学比例开展教学活动，学业综合评价涉及学习过程评价、理论知识评价、课外实践评价及特殊行为评价，其中学习过程与课外实践成果由教师和学生共同评价，理论知识水平由教师评价，特殊行为由辅导员评价。

第二，立足具体学校、课程的不同特点，许多学者从实证角度提出了可供参考的建议。王景、鲁妍妍（2022）基于四川护理职业学院的实践，发现思政课考核评价存在评价标准模糊、评价主体不够多元、评价角度单一、评价方式不够科学的问题，通过对上述问题的反思与改进，着力推进科学化、多元化、多维化、多样化的"四化"考核评价模式，极大提升了学生的思政课获得感，取得了良好的教学效果。韩松（2020）针对高职院校现行考核评价体系，提出其存在不符合高职院校学生实际情况、重结果轻过程、考核主体仅为思政课教师、考核指标难以落到实处、考核内容不科学不全面的问题，为此应贯彻学生为主体、教师为主导、理论联系实践的原则，构建多元立体化的考核评价体系，朝考核"主体多元化、考核过程立体化、考核内容多样化"的方向进行改革。鲁继平（2019）针对高职思政课考核评价模式存在的问题，创造性构建了"三主体二模块三位一体"的新模式，"三主体"是指学生本人、同学和教师共同参与评价，"二模块"是指考核评价由理论教学考核及实践教学考核两个方面组成，"三位一体"是指考核评价整体由课前学生自我评价、课中过程性评价和课后结果性评价三部分有机统一起来。刘淑春（2019）面向高职院校教学模式探索新的"三三四制"综合考核体系，即理论考试成绩占30%，思想表现（形成考评小组进行评定）成绩占30%，习惯养成（校内外实践活动参与情况考察）成绩占40%，预期实施后将突破思维惯性，提高思政课教学实效、凸显特色，科学的考核体系能确保培养的学生满足社会人才需要。廖嵘（2017）通过重庆大学的思政课考试改革试点发现，评价视角多元、动态化的"发展性评价"是能够满足思政课特殊性要求的，课程总成绩由过程评价和考试评价两部分构成，其中过程评价包括课堂表现、学习笔记、专题讨论、作业、实践等，考试评价所占比重逐渐降低，同时各环节可由学生本人、同学、辅导员等多主体共同参与，提高学生参与感。

第三，立足不同教学模式的优势和特色，许多学者提出了更有针对性的考核评价体系。刘薇等学者（2021）设计了高职院校针对对分课堂这一教学模式的考核评价体系，对分课堂是将教学分为教师讲授、学生自主学习、课堂讨论三个环节，基于对分课堂与传统教学模式的差异，对分课堂的考核评价理念更应强调过程性考核和终结性考核并重，将评价覆盖到每一个环节，评价主体更加多元化，知识、能力、素质"三维一体"结合。方超立（2021）指出在线教学是我国思政教育的新方向，因此也应当构建科学的在线评价体系，现有思政教育评价存在目标狭隘、方式单一、主观性强、缺乏针对性等问题，以传统思政教育评价体系为抓手，方超立提出安置性评价（评价主体的主观能动性和客体的积极性）、过程性评价（包括学生自评、小组评价、教师评价）、总结性评价的建构策略。娄本东（2020）以《马克思主义基本原理概论》教材教学为例，对思政课实践教学评价的指标进行了较为具体的阐述和分析，最基础最首要的评价指标是知识指标，使学生能够精确再现、准确表述基本知识，关键指标是能力指标，培养学生认识世界、改造世界的能力，根本指标是思想指标，让学生自觉坚定共产主义信仰，最后还包括过程指标，考察学生在每个环节的综合表现，通过构建科学的系统工程，推进实施有效的思政课实践教学评价体系。苗莹（2020）基于大数据教育平台应用于日常教学、无纸化考试的现状，提出其应用于思政课形成性评价方面的问题，线上学习效果难以监测，辅助课堂互动效果不佳，评价形式也比较单一，师生的互动反馈滞后于教学进度，应着力丰富思政课形成性评价的形式、完善评价内容和评价标准、形成系统科学的反馈机制。尚起媛（2017）针对实践教学的需求提出了实践教学考核评价体系的基本要素，要构建知识、能力、情感、素质"四位一体"的评价目标，纳入教师、学生、管理部门、学生家长等多元的评价主体，评价"教"与"学"两个方面，考核评价内容应包括学生的态度、表现、收获，采取定性与定量结合的多样评价方法，吸取各方意见制定科学的评价指标。韦文荣、黄振宣（2016）基于移动学习与传统教学方式的不同，结合柯式四层次评价模型（反应层次、学习层次、行为层次、结果层次），构建了移动学习效果评价的构架和指标体系，反应层次重在对学习平台评价学习环境的满意度，学习层次和行为层次重在评价学生的学习状态和学习效果，结果层次聚焦教学效果中的思政课认可度、教学质量等问题。

（三）思政课评价体系研究述评

随着国家、社会、学校对思政课育人成效重视程度的不断提升，思政课改革也逐渐推进，思政课既要像其他专业课程一样传授知识，更重要的是也要承担育人功能，教育引导学生坚定共产主义信仰，厚植爱国、爱党、爱社会主义的情感，树立正确的世界观、人生观、价值观。思政课在教学目标、教学形式等多方面的改革呼唤评价体系发生相应的变化，评价体系的改革也是推动思政课改革的重要力量，只有发挥好"指挥棒"的作用，才能将改革目标落到实处。

因此，近年来涌现出许多思政课评价体系建设的有关研究。现有研究联系思政课改革的方向、利用课程评价的有关理论、结合教学实际，对思政课评价体系的设置进行指导和建议。首先，许多学者从理念性、观念性的基本问题出发，提出构建"大评价观"，关注学生获得感、认同感，除知识水平外更要关注能力和素养的提升，为思政课评价体系的建立提供了理念上的指导，指出了宏观上的方向。其次，许多学者基于所处学校或岗位的实际，指出了现行评价体系中存在的问题，较为共性的是评价主体不够多元，缺乏过程性评价或过程性评价流于形式，指标设置不够科学、全面，反馈不及时或缺乏反馈等。最后，许多学者根据其思政课实际开设情况，设计了具体的考核评价体系，其中部分还包含了该考核评价体系实施后的效果反馈，对情况相似的学校有一定的借鉴意义。

虽然目前已经有一定数量的思政课评价体系相关研究，在已有研究的基础上，仍有一定的研究空间。首先，现有研究中理念性、理论性论述与指导较多，改革发展方向明确，但理论与实践中间还存在一定的断裂。理念性的"应然"与课程教学的"实然"之间仍有许多现实性因素，对于具体的评价指标制定者而言，从了解思政课评价体系的理想化效果，到制定科学合理的具体指标，中间还有很多条件限制与实施困难需要克服。其次，现有研究中指导设计的评价体系有的部分在现实条件下可操作性不强，在工作中难以落实到位。许多学者提到评价主体多元化时指出,要让教师、学生、辅导员、管理部门、实践单位、家长等参与到评价中来,但由于学生数量多、授课班级大等问题,主体评价的工作量有可能超出学校和教师的能力范围。且许多指标是定性化指标,评定标准模糊,由不同主体按自身理解评分,难以做出公平合理的评价。最后,现有研究中包含许多针对高等职业教育展开的专门研究,但仍可以对高职教育的特点进行深入分析。研究中虽然将高职高专院校的情况作为一种研究背景和现实,但是总体而言并未深入对高职高专院校的办学方向和教师、学生在观念与能力上的特征进行分析。研究以高职高专院校为背景,却并未点明高职高专院校与本科高校的区别,真正观照高职教育特点的、针对性提出建议的研究是一个值得挖掘的研究方向。

二、思想政治理论课教学质量评价的现状

(一)从与学校教职员工座谈看思想政治理论课教学质量评价

课题组与100名教职员工(含思政课教师、行政管理人员)进行访谈,主要围绕思想政治理论课教学质量的评价主体、评价方式、评价指标以及相关建议等几个方面进行,访谈的结果如下:

从思政课教学质量的评价主体来看,80%的受访者认为思政课教学质量的评价主体应涵盖思政课教学活动的参与者;10%的受访者认为思政课教学质量的评价主体应该是督导、马院领导、教务处和相关党务部门的责任者;5%的受访者认为思政课教学质量的评价主体应该是学生;5%的受访者认为思政课教学质量的评价主体应该是由第三方评价,如企业或家长的评价等。从思政课教学质量的评价方式来看,95%的受访者认为思政课教学质量的评价方式应该是过程性评价和终结性评价的结合,将学生评教、教师自评、同时互评和领导评价有机结合起来;5%的受访者认为思政课教学质量的评价方式应该是动态的评价。从思政课教学质量的评价指标体系来看,受访者均认为应该建立合理的学生评教机制,科学的同行听课机制,充分发挥学校督导机制,建立健全课堂教学质量评价与反馈机制、

评估运行机制等。从对思政课教学质量评价的建议来看，受访者认为应选择合适的指标体系，综合考察思政课的两大因素：教师的因素和学生的因素。

（二）从相关媒体报道看思政课教学质量的评价

2018年2月27日，《中国教育报》发表了题为《思政课堂 点亮青年信仰——高校思政课教学质量年专项工作述评》，该述评认为："提升高校思想政治工作质量和水平是一个系统工程，不能否认的是，当前高校思想政治工作中还存在一些突出问题和薄弱环节，也面临发展不平衡不充分的问题。比如，不同区域、不同类型高校、不同学段、不同学科、不同专业之间的不平衡问题，教师思政有待进一步加强，基层党建有待进一步完善，全员全过程全方位育人格局还未完全形成等不充分问题，迫切需要从体制机制、育人理念、教育方式、队伍建设、条件保障等方面进行系统设计和规划。"2019年10月23日，该报又发布了《不断创新思政课教师评价机制》指出：创新思政课教师的评价机制，应以教育教学为核心、以信息化为手段、以名师为引领推进思政课教师队伍建设，要健全表彰体系，以榜样育人、以制度育人，激励思政课教师队伍的成长。2022年1月24日，该报报道"天津市对高校思政课进行线上听课评课探索记"，指出天津市教委印发的《天津市学校思想政治理论课教学质量评价实施方案（试行）》以思政课课堂教学为起点，实现了对高校思政课教师的全覆盖、系统性评价，也为开展全面系统的思政课教学质量评价研究奠定了坚实基础。从这些报道不难看出，关于思政课教学质量评价体系的建构必须严格，同时必须进行综合化的评价，相关的评价指标应该高标准。

（三）从对学校学生的调查问卷分析看思想政治理论课教学质量评价

课题组通过问卷星等手段对近1000名学生进行了问卷调查。调查问卷涉及思政课的教学效果的评价、教学过程评价、教学内容评价、教学方法评价、教学课堂管理、教师的教学能力评价、教学资源评价等方面，其结果如下：

从对思政课的教学效果的评价来看，主要调研学生对思政课教学质量的总体感受，包含对教学内容、授课形式的满意度和学习收获等。47.7%的学生非常满意思政课教学质量，这个问题上，文科学生的满意度更高些。10%的学生对思政课漠不关心，42.3%的学生认为思政课的教学质量一般。从对思政课的教学过程的评价来看，28.3%的学生对思政课授课过程很满意，42.4%的学生基本满意，19.5%认为一般，9.8%的学生不满意。从对思政课的教学内容的评价来看，48.3%的学生对思政课授课内容很感兴趣，12.4%的学生基本满意，29%认为一般，10.3%的学生不满意，这与对教学效果的评价基本一致。从对思政课的教学方法的评价来看，42.3%的学生认为教师启发式教学很有收获，但有近20%的学生认为教师的教学方法有待于进一步提升，对现代技术手段的运用不够熟练。从对思政课的课堂管理评价来看，87%的学生期待老师严格管理课堂，教师要有意识地组织课堂教学，有近一成的学生认为教师不需要管理课堂，让学生自娱自乐。从对教师的教学能力评价来看，有一半的学生认为教师教学方式灵活，为人师表做得很到位，但有近40%的学生期待教师漂亮的板书。从对教学资源评价来看，56.7%学生认为教师更新教学资源的速度很快，有的老师能结合当天发生的大事引导学生认真分析，但有近40%的学生认为教师还在使用多年前的案例，教学资源没有新鲜感。

从上述三个方面不难看出，新时代思政课教学质量的评价必须借助新媒体技术手段，把握好方向维度、理论维度、转化维度和服务维度。但依然存在以下问题：思政课教学质量评价目的定位有所偏离、思政课教学的特殊性对教学质量评价的影响、评价方式比较单一、评价对象的片面化、评价指标的设定不合理等。因此，必须转变高校思政课教学质量评价观念、完善思政课教学质量评估的保障机制、建设全面的教学质量评价监控体系、建立科学合理的思政课教学质量评价体系、创新教学质量评价反馈机制等。

三、思想政治理论课教学质量评价指标体系选择的原则

《教育部关于印发〈新时代高校思想政治理论课教学工作基本要

求〉的通知》指出：思想政治理论课承担着对大学生进行系统的马克思主义理论教育的任务，是巩固马克思主义在高校意识形态领域指导地位、坚持社会主义办学方向的重要阵地，是全面贯彻党的教育方针、落实立德树人根本任务的主干渠道和核心课程，是加强和改进高校思想政治工作、实现高等教育内涵式发展的灵魂课程。思政课的教学工作必须坚持的基本原则有：坚持正确政治方向，强化思想政治理论课价值引领功能；坚持全流程管理，贯穿思想政治理论课课前、课中、课后各环节；坚持规范化建设，不断健全思想政治理论课教学工作制度；坚持增强获得感，促进思想政治理论课教学有虚有实、有棱有角、有情有义、有滋有味。基于此文件，思想政治理论课教学质量评价指标体系选择的原则至少应该包括以下几项原则。

（一）评价主体多元化的原则

评价主客体多元化原则，其实就是在教学质量评价过程中多一点沟通与协调，在实际的评价目标设定中有必要让被评价者主动参与评价，打破传统的单一评价模式。为了能够更好地实现评价，使得评价更加全面与合理，有必要建立多元评价主体，这些评价主体可以由行政部门、学校领导、教育专家、同事、学生以及社会人员等组成。在确定评价原则中，需要明确不同的评价主体需要负责不同的评价项目。例如，天津市评课团队有2000多人，包括各高校的校领导、中层干部、思政课教师、其他专业课教师、学生代表等，每人在一年里都需要至少听评6节课，而平台上的每一节课，也需要由身份不同的6名评课者进行打分。按照熟人规避原则，教师接受的都是外校评委的打分[①]。

（二）评价方法定性与定量相结合的原则

思政课本身效果是较难进行量化的，即使能够实行量化，也无法全面反映学生的品德。因此，在评价的时候必须坚持"言行一致"，将定量与定性有机结合起来。一般而言，评价者按照被评价者

---

① 陈欣然. 思政课教学质量究竟该如何评价[N]. 中国教育报，2022-01-24.

日常表现情况进行动态化观察与分析，并进行对比，用评语的形式得出评价结果。比如教师是否敬业、是否关心学生、师生关系如何等都无法进行量化，只能定性评价。因此，教学质量的评价需要突出以定性评价为主，但是也需要结合定量评价，两者相结合才是最理想的评价方式，这样可以更好地促进思政课教学质量评价的差异化功能与激励功能得到较好的应用，这样有利于教师努力提升教学质量，也有利于教师自身加强自我学习，端正教学态度，最终为教学质量提升而服务。

（三）评价指标多维性的原则

思想政治理论课是一项较为系统的工程，尤其是它的意识形态教育功能。就课程内容的整体安排来看，思政课主要是突出以马克思主义理论及马克思主义中国化理论为主，内容会涉及哲学、政治、经济、历史以及法律等各个方面。所以，单一的评价指标体系是难以满足所有评价需要的，事实上教学质量评价更多的是体现多维度的原则。通常而言这个维度是自评与互评相结合，结果评价与评价过程相结合，诊断性、形成性和中介性评价相结合，从而可以更好地实现教师教学质量、学生学习效果以及教学管理保障这三个维度能够有机地结合，以此来更好地创新思政课教学质量评价。

（四）评价目标综合化的原则

2021年1月27日，教育部发布了《提高高校教师思想政治素质和师德师风建设是下一步首要任务》文件，教师工作司司长任友群提出要全面提高高校教师思政素质以及师德师风建设，这是下一步最为重要任务。加快教师教学质量评价改革，不断完善教学质量评价制度。中共中央宣传部 教育部关于印发《新时代学校思想政治理论课改革创新实施方案》（教材〔2020〕6号），提出了本科及高等职业学校专科课程需要根据不同学校情况以及培养人才层次，进一步提高教学质量，突出教学的针对性与实效性。在教学中突出多样化的评价方式，综合考核学生思政素质。通过构建科学有效的思政课教学质量评价体系，是作为全面提高高职院校学生教学质量的重要环节，注重思政课教学的环节，做好全方位的评价工作，做好教学管理工作,这是进一步提升教学质量、实现教学目的的重要前提。

《教育部关于深化职业教育教学改革 全面提高人才培养质量的若干意见》(教职成〔2015〕6号),提出了需要以立德树人为根本,以服务发展为宗旨,突出以就业为导向,实现产教融合、协同育人,不断创新人才培养模式,加强教学质量提升等要求。在新时代背景下,高职院校在思政课教学中也需要突出立德树人根本任务,以就业作导向,加强思想道德、人文素养教育和技术技能培养,培养社会需要的职业型高素质人才。事实上,思想政治理论课肩负着对高职院校学生进行系统化的马克思主义理论教育的任务,是进一步巩固马克思主义在高职院校意识形态领域的指导地位,突出高职院校是社会主义办学方向和贯彻党的教育方针的主要阵地,也是落实立德树人根本任务的主渠道和核心课程。突出培养人才的实用性,要培养大学生具有更高思想觉悟,有责任感,有使命感。通过思政课程教学质量评价,可以引导大学生树立正确的世界观和人生观,提升创新精神和实践能力等综合素质与能力。

四、思想政治理论课教学质量评价指标体系的内容

为进一步贯彻习近平总书记在学校思想政治理论课教师座谈会上的重要讲话精神,落实中办、国办《关于深化新时代学校思想政治理论课改革创新的若干意见》与教育部《新时代高等学校思想政治理论课教师队伍建设规定》(教育部第46号令),进一步健全学校思想政治理论课教学质量评价体系,建立以教学效果为核心的思想政治理论课教师评价机制,提升学校思政课教师育人能力,选择合适的指标体系至关重要。

高校思政课教学本身具有教学主客体整体关联、双向互动、协调共生的典型特征,教师起主导、关键作用,学生起主体、决定作用,教师与学生之间通过教学内容相连接,并在过程性评价的作用下实现教学相长。高校思政课过程性评价体系是包含教师教的过程性评价子系统和学生学的过程性评价子系统在内的综合性评价体系。教师教学子系统包含知识传授、思想引导和实践转化三大体系;学

生学习子系统包括课堂教学表现、课外实践表现以及自主学习表现三大体系。基于此，陆启越构建起"一体两翼三维四元"的过程性评价体系[①]，将这一体系的评价指标进一步细化，就构成了思想政治理论课教学质量评价指标体系：

一级指标	二级指标	具体指标
教学目标评价体系	课程整体结构、教育目标和教育标准	教学过程立足增强学生的"四个意识"，聚焦培养什么人、怎样培养人、为谁培养人，注重引导学生增强使命担当
	兼顾学生的主动学习需求以及个别学生的被动学习需求，保证教学目标评价的包容度	教师思维新、视野广，紧紧围绕坚定做到"两个维护"，将习近平新时代中国特色社会主义思想贯穿教学全过程，紧密结合习近平总书记最新讲话指示精神，体现新时代历史方位
	对教学目标的定位和理解准确	聚焦坚定"四个自信"，坚决捍卫马克思主义指导地位，坚决捍卫共产主义信仰、坚决捍卫中国特色社会主义制度，注重马克思主义无神论宣传教育
	教学目标得到落实	在教学过程中坚持社会主义意识形态，直面批驳错误言论、错误价值观、错误思潮、错误信仰，始终旗帜鲜明、举旗亮剑、立场明确，坚决与错误认识做斗争
教学过程评价体系	教学大纲指标	教学大纲中教学内容的广度和深度充分体现学校层次和人才培养目标，且根据情况不断修订
	教学进度指标	实施进度合理、教学时间安排科学、教师在教学过程中遵守进度计划等
	教案指标	教案中有教育目标、教学的具体要求，教学内容有针对性、教案评价有创新

---

① 陆启越.高校思政课过程性评价模型与体系建构[J].江苏高教，2021（10）：74-80.

续表

一级指标	二级指标	具体指标
教学内容评价体系	教学内容讲解准确	坚持"以理服人",以真理力量引导学生
	教学内容依托教材且贯彻完整	在潜移默化中寓价值观引导于知识传授之中
	教学重点突出、疑难问题讲清	坚持问题导向,帮助学生树立正确的价值观和价值取向
	密切与现实生活的联系,积极回应理论热点问题	将理论学习与现实结合,把思政小课堂同社会大课堂有机结合
教学方法评价体系	现代化教学手段的使用	保持规范性、科学性、权威性,能够因地制宜、因时制宜、因材施教,因人而异
	多种教学方式	有效运用小组研学、情景展示、课题研讨、课堂辩论等方式引导学生主动参与,增强教学的趣味性,加强师生互动交流
	启发式教学方法的使用	方法与内容匹配,用讲故事的方法启发思考,让学生得出水到渠成的正确结论
	有效达成目标	注重显性教育和隐性教育相结合,注重知行合一、言传身教
教学反馈评价体系	教师反馈指标	教师获得感、幸福感、成就感突出
	学生反馈指标	学生抬头率、参与率、欢迎率高
	教学特色指标	教学有特色、有个性、有独特魅力和突出闪光点
教学课堂管理体系	纪律管理	对不良现象管理有序有效
	关系管理	适应学生学习特点,积极调动参与度不高的学生
	途径管理	课程学时安排合理、课程教学时段适合、课堂规模适中
教学能力评价体系	组织教学能力	严格执行思政课教学管理、管理思政课课堂纪律、具体教学过程的组织实施以及学生行为等

续表

一级指标	二级指标	具体指标
	授课的逻辑性	尊重学生的教育教学主体地位，教师教学由"供给者本位"向"需求者本位"转换，实现知识传授从教材体系向教学体系转化
	改革创新能力	能巧妙设计疑问，激励学生质疑，积极引导学生去探索学习
	政治素养能力	政治立场坚定，马克思主义理论素养高，人格正、情怀深，真学真懂真信真行，可信可敬可靠，乐为敢为有为
教学资源评价体系	资源的选择	选择合适的、经典的教学资源帮助学生理解问题
	资源的利用	视频、音频、动画、图片、虚拟仿真运用合理

第一章

核心素养相关概念释义

核心素养是近年来中国教育改革发展的热门话题，受到社会各界的广泛关注。深入分析素养、核心素养内涵，对于正确认识核心素养视域下思想政治理论课教学质量评价具有重要意义。

第一节 素养的内涵

目前，国内使用的"素养"主要来自对国外相关词汇的翻译。

一、素养含义的探讨

1981年，布兰斯科姆（Branscomb）分析了"literacy"的英文词根，将其定义为"具有读、写和理解人类系统知识的能力"。在PISA测试中，OECD（经济合作与发展组织）对"素养"（Literacy）的独创性界定是：学生在主要学科领域应用所学知识和技能，在问题出现时分析、推断和有效交流以及在不同情境中解释和解决问题的能力。PISA测试的"素养"，比传统意义上的读、写、算能力更广泛，而且它是在一个连续体上测量的，而不是测量个人非有即无的东西。从这一点来看，素养（Literacy）的含义已经远远超越传统意义上的读写算，而表现为应用知识和技能来解决问题的综合能力。

从国外文献来看，"competence"一词在欧美国家有较长的历史，且20世纪90年代在人力资源管理领域的文献中占有主导地位，强调其作为关键的组织资源在竞争中的价值。这与当时欧洲的社会发展紧密相关。第一，技术变革以及民主需求使人力资源发展机构在职学习和适应性训练显得十分迫切，供应驱动的传统教育系统被需求驱动的教育模型所替代，这种模型支持职业教育与训练的产出，即基于素养的教育。第二，在欧洲，终身学习政策强调的正式学习和非正式学习导致对素养的确认和合法化，很多欧盟成员国开始将默认的技能合法化。第三，对"社交性欧洲"的支持更加强调学习的结果而不是在学习机构的学习投入，这就拓宽了学习的路径，使一些很少有机会接受正式教育和培训的人能够在经历中学习，从而获得上升的机会。在这样的背景下，欧洲各国通过构建统一的职业素养水平制度，来鉴定劳动市场的技能与资格水平，提升劳动市场的灵活性，同时借助于素养实现传统教育、职业训练和经验发展的整合。从这个意义上来看，基于素养的教育是欧洲社会发展的必然产物，是人力资源管理、职业教育与培训领域发展的必然路径，强调学习的结果而非输入，承认学习者的先天差异，肯定非正式学习和默会知识的价值。

二、关于素养内涵的继续探讨

随着素养（competence）导向的教育发展，各国（地区）教育部门和学者对其概念和内涵进行了一定的探讨。1987年，英国继续教育部（Further Education Unit）将素养定义为"成功表现所需的知识、技能和态度经验的发展"。1992年，澳大利亚的梅耶（Mayer）委员会采用的定义是"素养是一种基于知识及其理解和技能的表现，涉及在一个给定情境下做出表现并能将知识与能力迁移到新情境"。

比利时的罗日叶将其界定为"对于个体而言为了解决某一情境族，以内化的方式调动一套整合了的资源的可能性"。2005年，OECD在其报告中将素养界定为"特定情境中利用和调动心理社会资源（包括技能和态度）以满足复杂需要的能力"。

新西兰学者认为，素养可以被理解为那些我们已经具有或者可能想要获得的东西，是一个终点而非过程，描述了一个人应具备什么；并指出素养可以通过特定情境下的行为、行动或选择显现出来，这些行为、行动或选择可以被观察或者测量，但这些表现所隐含的素养以及作用于素养的多种因素只能通过推测获得。

1996年，欧洲关于素养的一份专题研讨报告指出，由于各国语言存在差异，对素养的界定并不完全相同，但基本认可素养强调的是"知道怎样"而非仅仅"知道是什么"；并指出素养是一种一般能力（general capability），由基于个人教育实践所形成的知识、经验、价值观、倾向等发展而来。该报告同时指出，素养和表现不同，表现是在一个给定的情境下做事，显示出某种素养或能力以及行动的倾向或潜能，表现是可观察的，而素养无法观察，只能通过观察到的行为表现进行推理。

我国有学者也指出，素养可能是不可测的，可测的是具体的学习结果或学业质量，素养只能是学业质量评估后的推论，是一种理论构念，而不是具体实在的。

三、关于素养的共识

第一，素养本质上是一种与知识和情境紧密联系的（潜在）综合能力，是知识与技能、过程与方法、情感态度与价值观的综合体，是一种理论构想。第二，素养是行为或表现发生的内在因素，与行动的可能性分不开，具有明确的方向指向，即具有一种社会的有用性。比如，对学习者而言，为了在学业实践中或者在日常生活中完成某份作业、进行某一行动或解决某一问题，学习者调动自身具有的知识、技能、经验、态度等一切资源，而这些作业、行动或有待解决的问题对于学习者而言，具有一定的社会意义。第三，素养一定是在一定情境下呈现出来的，因而素养可能具有一定的领域性或学科性特征。比如，自然科学研究者在解决科学问题过程所调动的知识、技能与经验等必然和社会科学研究者所调动的知识、技能与经验不同，当然也可能含有某些共同的成分。第四，素养不能直接观察，但行为或动作上的外在体现可观察。因此，素养的评估只能通过观察到的表现进行推测。第五，为了教学或测量，研究者常常将素养解构或分割成各种能力或单个意义上的素养。

第二节 核心素养的内涵

核心素养经过了一个由萌芽到实践的复杂的发展历史阶段，国内外对核心素养进行了大量研究，具有丰富的本质内涵。

一、国内外对核心素养的研究

根据社会对人才的需求，公民为适应现代社会应具备一定的能力。国内外学者总结出本国学生应具备的核心素养，这些素养是学生成功生活所必需的，其能使学生满足当前社会需求，成功迎接未来世界所带来的挑战。

（一）联合国教科文组织——以终身学习为目标的核心素养

联合国教育、科学及文化组织，简称联合国教科文组织（UNESCO）于1945年11月16日成立，目前包括195个会员，是联合国在国际教育、科学领域和文化领域方面包含最多成员国的一个专门机构。1996年，UNESCO在终身学习思想指导下在《教育：财富蕴藏其中》报告中提出，终身学习的四大支柱是21世纪社会公民必备的基本素质，即学会求知、学会做事、学会共处和学会生存。联合国教科文组织教育研究所在2003年继续提出终身学习的第五支柱，即学会改变。每一支柱里包含具体的基本技能，从而组成了终身学习最基本的评价体系，学会求知是终身学习中最基础的一个支柱。在终身学习理念的影响下，2000年在达喀尔世界教育论坛上，164个国家政府一致通过要实现全民教育的目标。

（二）经济合作与发展组织——以个体的成功生活与社会和谐发展为目标的核心素养

经济合作与发展组织（OECD）成立于1961年，由38个国家及地区的国际经济组织组成，主旨为一起应对全球化背景下在经济、社会和政府治理等方面的挑战，把握机遇。OECD鉴于增进全世界的经济和社会福祉及未来就业的需要，1997年，在教育领域率先启动了其"素养的界定和遴选：理论和概念基础"项目，该项目中构建了核心素养的三大类别框架：人与工具、人与自我、人与社会。其把核心素养上升为人才培养的总体指针和国家基础教育的DNA。2003年，OECD在最终研究报告《核心素养促进成功的生活和健全的社会》中正式使用"核心素养"一词。为加快核心素养走进教育实践，增强核心素养应用于教育实践的实用性，OECD又于2005年发布了《核心素养的界定与透选：行动纲要》。

OECD从社会心理学角度定义核心素养的具体内容，来达到个人成功生活和发展健全社会的基础。OECD将核心素养划分为三个类别：互动地使用工具、在社会异质群体中互动和自主行动。三者共同构成核心素养的基础，但是侧重点不同，相互间具有一定的联系。该框架整合了各核心素养，以反思为中心，超越了传统定义上的知识与技能，提出21世纪教育的重点是构建学生发展与社会进步相适应的技能和素养。

（三）欧盟组织——以能力为目标的核心素养研究

欧洲联盟简称欧盟（EU），是由欧洲共同体发展而来的，创始国6个，现会员国27个，为世界第一大经济实体。在UNESCO终身学习主张的影响下，EU于2000年3月发布研究报告——发展适应知识经济需求的"新基本能力"，即具备终身学习的五项基本能力：IT、外语、技术文化、创业精神和社会互动能力。于2005年又发布了《核心素养：欧洲参考架》，将八项核心素养作为促进终身学习和教育与培训改革的参照框架，即母语交流能力、外语交流能力、数学素养与科技素养、数字化素养、学会学习、社会和公民素养、主动与创新意识、文化意识与表达；又从知识、技能和态度共三个维度对每一项素养做了详细阐述。EU的核心素养框架是欧盟教育与培训系统的顶层设计、成员国共同的教育目标，充分考虑到教育对经济和社会的双重作用。

（四）核心素养——立足学生发展，建立以社会主义核心价值观为中心的学生核心素养

我国对核心素养的研究相对稍晚，在2014年教育部《关于全面

深化课程改革落实立德树人根本任务的意见》中首次提到"核心素养"。2016年正式发布了《中国学生发展核心素养》,确定了核心素养的三个方面,即文化基础、自主发展、社会参与,其主要包括六大素养:人文底蕴、科学精神、学会学习、健康生活、责任担当、实践创新,并具体细化为人文积淀、人文情怀、审美情趣、理性思维、批判质疑、勇于探究、乐学善学、勤于反思、信息意识、珍爱生命、健全人格、自我管理、社会责任、国家认同、国际理解、劳动意识、问题解决、技术运用十八个基本要点。从此,国家教育改革思路方向转向以人为本,以学生核心素养发展为基础,逐步将核心素养作为制定人才培养方案、课程建设、教学改革与评价的重要依据和标准。

二、核心素养的含义

"核心素养"这个概念来自欧洲,对应英文"key competency"或"key competencies",在国外,对 competencies、competence 和 competency 均有使用,在国内目前基本都译为"素养"。"key"在英语中有"关键的""主要的"等含义,"competency"本意为"资格""能力"。因此,也有学者将其译为"关键能力"或"关键素养"。中文沿用"核心素养"这一提法。可以将其界定为:核心素养是学生在接受相应学段的教育过程中,逐步形成的适应个人终身发展和社会发展需要的必备品格与关键能力。

为了应对当今复杂的社会挑战,个体需要具备大量的素养,然而适应不同情境的素养种类繁多,不可能一一列出,因此选择一些十分关键的素养就十分有意义,这就是核心素养产生的缘由。经济合作与发展组织 De Se Co 项目指出,每一个核心素养均需满足三个条件:一是对个体和社会产生有价值的结果;二是能帮助个体在多样的情境中满足重要的需要;三是对所有人都重要,而不局限于对专家。由此来看,在 De Se Co 项目中,核心素养是指那些对个体和社会发展都十分重要的素养,是知识、技能和态度的综合体,可以通用于多种情境。同时,De Se Co 项目也指出,反思是核心素养的"心脏",实际上体现了发挥个体主动性和参与性的必然。欧盟的文件中指出，核心素养是一系列知识、技能和态度的集合，是可迁移的、多功能的，这些素养是个体自我发展、胜任工作以及融入社会所必需具备的，并说明核心素养应该在完成义务教育时得以具备，为终身学习奠定基础。美国21世纪技能联盟发布了21世纪能力框架，该框架描述的是学生成功应对未来生活和工作所必须具备的知识、技能和经验，它是知识、具体技能、专业知识和素养的整合。

虽然各国描述核心素养的用词不同，但基本都表达了相同的含义，即核心素养是学生终身发展和适应未来社会必须具备的关键能力和品质，是知识、能力和态度等的整合。而这些"关键"的背后所表达的是该素养的"通用性"或"可迁移性"，即可以通用于或迁移到多个情境当中。

2014年3月，我国教育部印发的《关于全面深化课程改革落实立德树人根本任务的意见》首次在官方文件中提出"核心素养"，文件指出，"将组织研究提出各学段学生发展核心素养体系，明确学生应具备的适应终身发展和社会发展需要的必备品格和关键能力"。实际上这就默认了核心素养面向学生终身发展和社会，是必备品格和关键能力，是知识与技能、过程与方法、情感态度与价值观的整合。

三、核心素养的内涵本质

由于每个研究者的视角不同，且对具体概念的界定不清，对于核心素养的内涵往往得出不同的结论。因此，对核心素养内涵本质进行分析十分有必要。

（一）核心素养与低阶思维、高阶思维的辩证关系

人们通常将布鲁姆认知领域教育目标分类的记忆、领会、应用认为是低阶思维，分析、综合和评价认为是高阶思维。以高阶思维为核心，解决劣构问题或复杂任务的能力可以归为高阶素养，比如创新、决策、批判性思维、信息素养、团队协作、获取隐性知识、自我管理等；对应的，以低阶思维为核心，解决良好结构问题或简单任务的能力归为低阶素养，比如，背诵，在给定情境中使用已知

公式或原理直接解题等。有研究指出,"核心素养"中的"核心"应该是修订的布鲁姆认知教育目标分类中达到运用以上水平的概念性知识。倘若将学习结果仅局限于认知领域,那么,"核心素养"就应该是"高阶素养"。但也有研究者指出,如果生成于复杂情境,"记忆"就能成为发现问题和解决问题过程中信息筛选和提取的行动策略,这样的"记忆"属于高阶思维。由此来看,所谓低阶高阶似乎没有绝对的界限,而要看是否生成于情境,具有建构意义。从高阶素养的内容来看,的确与目前提出的核心素养框架具有一定的相似性,因此可以说,认知领域的核心素养属于高阶素养。当然,高阶素养一定是在低阶素养的基础上发展起来的。比如,美国的"21世纪型能力"就是在"低阶认知能力"的基础上强调了"高阶认知能力"的培育。

(二)核心素养和基础素养的辩证关系

什么是基础素养?倘若借用心理学上区分学习障碍儿童和正常儿童的"基本能力"概念,表现为在知视觉、语言、社交、理解、行为、运动和感觉-运动七个方面不存在障碍,能满足基本生活需要,比如我们平常所说的身体健康、能正常进行语言交流或读写算等基本技能或素质。那么,基础素养就必然属于"非核心"的范围,但"非核心"素养显然范围更广。倘若我们将基础素养界定为儿童进一步适应社会所必须具备的最基本素养,比如,儿童的身心健康、语言表达、社会性发展、坚持性、独立性等指向儿童未来成长与终身可持续发展的学习基础素养,那么,基础素养就应该划归"核心"的范围。显然,对基础素养的不同界定导致了对核心素养的不同理解。第一种对基础素养的界定过于狭窄,仅仅局限于满足基本的正常生活,而非面向儿童的未来生活,与素养的内涵有一定差异。此处的"基础"应该更加强调其作为"地基"的作用,要保证后期学习发展过程中能够建立更多更厚重的东西。因此,基础素养可以被认为是素养发展的早期描述,面向现阶段的儿童和基础教育。从这一点来看,基础素养与核心素养应该是两种不同分类方法下对应的素养,基础素养更加强调"基础",而核心素养更加强调"通用"。

（三）对核心素养的认识概括

21世纪以来，为应对时代变化与未来发展的需要，许多国际组织和国家致力于发展本地区或国家的核心素养框架。综合以上分析，对核心素养的进一步认识可以概括为以下几点：核心素养是对个体适应终身发展和社会发展而言非常关键的素养，本质上是一种跨学科（情境）的（潜在）综合能力，是知识、技能、经验、态度价值观的综合体，只能通过一定情境下观察到的表现进行推测而无法直接观察和测量；核心素养的本质属性是通用性或可迁移性；核心素养在认知领域表现为高阶素养，在基础教育阶段表现为儿童进一步适应学习和社会所必须具备的最基本素养；核心素养不仅涉及个人认知领域的高阶思维，还拓展了认知心理的视野，将与个体发展相关的社会与文化因素纳入学习结果，可以分为认知领域、内省领域、交际领域和工具领域。

（四）核心素养的本质

核心素养的内涵并非单一维度，而是一个复杂的结构，不同的国家因文化传承、历史背景不同，核心素养侧重点和具体体现的内容也有所不同。究其本质来讲，核心素养就是培养学生的内在素质，这种内在素质不仅仅局限于学生在课堂的表现，更重要的是学生能否将其应用到现实生活中去。在日常生活中，核心素养的高低会影响学生终生的发展。究竟该如何定义核心素养，或者说核心素养应包括那些内容？这其中既有不惧困难、敢于不断挑战的韧劲，也有动手能力强、创新能力强的新意。教育工作者要做好引导和启示作用，不断丰富学生的知识储备，以更好地提升学生的理解能力、思维创造能力，才能真正践行提升核心素养的理念，让学生做高素养的人。

四、我国核心素养溯源与发展

（一）中华文化为核心素养提出提供思想源泉

现有研究在论及核心素养的缘起时，大多认为此概念为舶来品，但也有少数学者将视野转向我国传统文化，指出应将"仁民爱物""孝亲爱国"等传统育人要求融入学生核心素养框架，还有研究发掘了核心素养相关概念在我国传统育人理论中的表达，如陶行知的"三力论"和"常能论"。

中国的育人思想历来强调人的全面发展。从古代儒家的六艺（礼、乐、书、数、御、射）到近代蔡元培提出的"五育"并举（公民道德教育、军国民教育、实利主义教育、美感教育、世界观教育），从梅贻琦的"德智体美劳群诸育并举"思想到陶行知的"生活教育学说"，以及中国共产党百年以来对马克思主义人的全面发展理论的继承与发展，包括当前核心素养概念的提出，虽然各时期的全人观有所差别，但都蕴含民族性、时代性与传承性。

对于"怎样培养人"的问题，中国传统文化在两个方面给出了回答：在认识论层面，知行合一、格物致知、融会贯通等理念长期影响国人处理问题、认识世界的方式；在方法论层面，温故知新、学会学习、举一反三等方法指导着代代国人的学习实践。"知行合一"是实现整体育人理念的重要途径，唯有通过"行"才能深化和内化从"有字之书"中得来的"知"，并将其转变为"无字之书""心灵之书"。中华文化语境中的"知"，既是知识之"知"也是道德之"知"，既指通过学习、经验相传等方式而获得的一般性知识，也包含对事物本质、道德观念与是非准则的把握。在核心素养的话语体系中，情境式或体验式教学、科学态度、跨学科等关键词皆携带着中华传统文化基因，如地理、物理、政治、美术等科目的2017年版2020年修订的普通高中课程标准中均提出了具备实践观的学科核心素养，包括"地理实践力""科学探究""创意实践""公共参与"等。可持续发展教育是实现人的可持续发展的关键所在。教育应给予学生在行动中获取知识的能力，并能将新知用于实践，在实践中检验知识、探求新知。

中国核心素养的价值内涵还为他国框架提供了拓展育人维度的可能。例如，2020年，北京师范大学研究团队将美国21世纪核心素养4C模型拓展为5C模型，即在审辨思维、创新、沟通、合作的基础上加入文化理解与传承素养，由此丰富了美国框架在文化理解、传承与交流方面的思考。从4C到5C的拓展，体现出中国育人思想之于他国育人模式的贡献。

中华传统文化是我国育人理念的重要思想源泉，加强对中华传统文化精髓的讨论与理论实践探索，将切实提升实践核心素养的教学价值。

（二）我国核心素养的发展

2014年，教育部颁布《关于全面深化课程改革落实立德树人根本任务的意见》，要求研制各学段的学生发展核心素养体系，明确学生应具备的适应终身发展和社会发展需要的必备品格与关键能力，并以此作为课标修订、课程建设和学习评价等环节的重要依据。2016年9月，由全国多所高校近百名研究人员共同研究制定的《中国学生发展核心素养》总体框架及基本内涵发布。2017年12月，教育部印发的《普通高中课程方案和语文等学科的课程标准（2017年版）》（以下统称"2017年版课程标准"），发挥出凝练学科核心素养、更新教学内容、研究制定学业质量标准、增强课程标准的指标性等突出作用。2017年版课程标准实施至今，受全球新冠疫情暴发及"双减"政策落地等因素影响，我国的教育环境发生了深刻变化，面向未来的可持续发展教育的价值凸显。2022年颁布的《义务教育课程方案和课程标准（2022年版）》同样以核心素养为导向，融合义务教育特点和各学科定位，力求让核心素养切实落地，全方位培育时代新人。

（三）具有中国特色的核心素养的内涵特质

与世界各国和组织所确定的核心素养比较，我国更强调核心素养是一种必备品格和关键能力，这些必备品格和关键能力都需要依托具体情境得以培养。这跟国际上，诸如OECD和美国等国家或国际组织对核心素养概念的界定是相吻合的，核心素养是一种复杂、高级、综合、人性化的能力，倘若离开真实情景，那核心素养的培养就失去了支点，不论怎么努力，断无核心素养的发展。我国的核心素养还指向学生的全面发展，指向道德品格的完善，这两点体现了中国特色和中国智慧。这不仅符合世界的潮流，也是我国课程发展的必然诉求。如此一来，昭示着学校教育从"知识传递"向"知识建构"转变，从"学生知道什么"向"学生能做什么"转变，这些转变，标志着我国学校的课程发展进入了新的阶段，教育改革迎来了新时代。

第三节　学生核心素养的提出

学生核心素养的提出并引入大学课程教学具有重要意义。

一、时代意义

学生核心素养的提出具有时代意义。核心素养作为21世纪人才培养的必备素质和关键能力，20多年来一直是国际社会关注的热点。这个概念自2003年由经合组织（OECD）正式提出后，迅速得到了包括欧盟、美国、新加坡、俄罗斯等在内的多个国家和地区的广泛响应，纷纷推出了适应本土文化与发展需求的核心素养标准，我国也于2016年研制发布了《中国学生发展核心素养》理论框架。核心素养的研究与推动之所以在全球范围内得到了如此普遍的认同，主要是基于全球化、信息化时代到来后，国际社会对于未来不确定社会发展中人才培养目标的思考，更多集聚于新的社会形态下人才培养的一种理想人格，即拥有高水平的品格素养、具有时代需要的关键能力或核心竞争力等的21世纪的"世界公民"形象。这种关乎未来人才培养目标之"卓越品质""核心能力""能解决复杂问题"等认识的大众认同，合乎世界各国的教育理想，也是教育基于人的本质回归的本体性体现。我国落实立德树人根本任务和根本标准下创新人才的培养，也要从以社会责任为代表的价值观、创新精神和创造能力、高品阶的学习能力、思维发展、心理素质等方面来推进人才培养的全面改革，学生核心素养的培养顺应了这种共性的时代需求和人的发展规律。

二、核心素养：课程发展的DNA

核心素养旨在勾勒新时代新型人才的形象，规约学校教育的方向、内容与方法。可以说，这不仅牵涉到"知晓什么"，而且关乎在现实的问题情境中"能做什么"的问题。换言之，在学校的课程与教学中，基础的、基本的知识"习得"与借助知识技能的"运用"培育思考力、判断力、表达力，应当视为"飞机的双翼"，同样需要得到重视。这样，"核心素养"的核心既不是单纯的知识技能，也不是单纯的兴趣、动机、态度，而在于重视运用知识技能、解决现实课题所必须的思考力、判断力与表达力及其人格品性。这意味着，要求学生能够运用各门学科的内容进行思考、判断，并且需要通过记录、概括、说明、论述、讨论之类的语言性活动来进行评价。学校课程与学科教学指向学会思考的"协同""沟通""表现"的活动，而不再仅仅局限于"读、写、算"技能的训练。可以说，核心素养是课程发展的DNA。

核心素养研究推进课程改革。课程改革强化学生核心素养成为发展趋势，中外关于核心素养的研究与探索，其最为重要的成就体现为将核心素养的研究成果作为人才培养目标的重要指导标准，推进创新人才培养模式的深刻变革。联合国教科文组织、经合组织、欧盟等以学生素养为核心，积极推进课程建设的理论建构，从目标制定、内容选择、教学方式、教学评价几个方面将学生发展核心素养体系建构为可理解把握、可操作实施、可观察评估的培养目标和等级标准，从而推进课程教学改革。如欧盟的"终身学习框架"，直接指向为欧盟各国教育政策制定尤其是课程改革提供可供参考的框架和方向；而美国"21世纪学习框架"带来的相应课程体系改革已经进入第二个十年期的教学实践，越来越多的学校、学区和州采纳并实施该框架，成为引领美国构建信息时代和知识社会课程体系的重要理论和实践基础。近年来，我国的基础教育领域也积极顺应这个改革方向，不断推进"新课改"的创新实践，其中最大的亮点就是将学生发展核心素养和学业质量标准有机地融入课程标准之中，而且强调学生的学业标准是基于学生核心素养构建，从而实现由传统的学科知识传授为导向的课程和教学方式转向以促进学生全面发展为导向。就整体的教育发展态势而言，十多年来，我国关于核心素养的理论研究与课程改革实践一直相互促动，持续推进。据"核心素养研究"的相关文献统计，在4055篇有效文献中包含四个热点研究领域，分别是"核心素养内涵、学科核心素养、课程标准与核心素养、课程教学与核心素养",排名前五位的高频关键词依次为"核心素养、学科核心素养、教学设计、课程标准、课程教学"。可见,将核心素养的研究广泛融入课程教学实践改革已成为一个重要的发展趋势。

三、课程建设以核心素养为导向的内在原因

课程建设以核心素养为导向,是提升我国国际竞争力、建设教育强国的需要。为应对21世纪知识经济、全球化、信息化的挑战,20世纪90年代以来,国际组织与许多国家或地区相继提出核心素养框架,世界范围内的核心素养热潮实质上是教育质量的升级运动,是国际教育竞争的集中反映。国民的核心素养决定一个国家的核心竞争力与国际地位。我国的教育改革尤其是课程改革,必须积极应对时代挑战,坚持素养导向,只有这样,才能把握世界基础教育改革动态与前沿,才能提升我国义务教育课程国际竞争力。

课程建设以核心素养为导向,是推进我国社会现代化和人的现代化的需要。我国的社会发展目标是"建成富强民主文明和谐的社会主义现代化国家",教育要为国家现代化建设服务,首先要促进人的现代化。核心素养是21世纪人的现代化、人的现代素质的集中体现。课程建设以核心素养为导向,也是贯彻党的教育方针、落实立德树人根本任务的具体体现。

课程建设以核心素养为导向,是深化教育综合改革、加快推进教育现代化的需要。核心素养是一个统率教育改革的上位概念,引领并拉动课程教材改革、教学方式变革、教师专业发展、教学质量评价等关键教育活动,不仅有利于解决课程建设中存在的问题,而且对于改革教育顽瘴痼疾、促进教育高质量发展、加快推进教育现代化至关重要。

四、核心素养引入大学课程教学

(一)深刻理解大学生核心素养的内涵特质

学生核心素养发展是整个教育活动共同关注的对象,但不同教

育阶段，核心素养具有不同的内涵与特质。与基础教育着重强调培养学生终身发展的基础性、综合性、通用型的核心性能力素养相比，高等教育因其教育阶段的高阶性、人才培养的专门性以及直面未来的时代性与社会性等特性而具有自身的特殊性，这使得大学生核心素养的内涵特质更具有特定的价值意义。

第一，从内涵的视角看，大学生核心素养是新时代高等教育发展人才需求目标在大学生人格方面的集中反映，突出体现了时代性、社会性、关键性与个体发展性等特征。这些时代与社会所要求的"高级""关键"能力品质的集合，不仅仅是大学生个体心理学意义上的"成长要素"，而且突出反映高等教育面对未来世界人才培养的一种理想型人格期待。比如，"'核心素养是人解决复杂问题和适应不可预测情境的高级能力和人性能力'，主要集中于协作、交往、信息通信技术素养、社会和文化技能、公民素养、创造性、批判性思维、问题解决、开发高质量产品的能力或生产性等方面"。这些核心要素的表述，体现出现代社会发展对于人才发展需求的统筹性认知。

第二，从形态而论，大学生核心素养是一个多维性的目标体系概念，表现为高度抽象化、目标化、结构化的人的关键素质能力的集合。核心素养是面向未来社会创新人才关键能力的通用性特征，具有广泛的普适性，应理解为所有学生都应发展的跨领域、跨学科的共同素养。但这些共通性的素养特质中也包含着国家意识、民族立场、学科特色、专业视域、学习素养、个性品质等多重内涵。因而，可以把大学生核心素养理解为一个"目标集"，包含着可分解、可分化的若干"子目标"。

第三，从功能的角度而言，高等学校大学生核心素养的培养是与学生发展目标紧密联系在一起的，表现为教育过程中可习得的、可生长的、可渗透的、可交叉的各种关键能力品质发展目标。所以对于高等学校的改革发展而言，一方面，学生核心素养的培养是大学教育教学活动致力达成的目标；另一方面，学生核心素养又是教学改革包括课程创新的重要依据和评价标准。同时，从观念上认识，推进学生核心素养发展还可理解为一种新时代教育发展理念，是大学素质教育在人才培养体系改革中的进一步丰富、深化与理论创新。

(二)世界大学课程改革注重学生综合素质能力的培养

十多年来,由科技发展、产业革命、信息技术等带来的大学课程变革是世界高等教育改革发展的共性趋势。纵观世界先进的课程改革实践,一个重要特点就是强化课程教学的"要素化""结构化"及其"整合化"目标导引。而培养学生的综合能力是重要的发展方向,在这方面形成了很多成功的课程模式。如国际通行的STEM工程教育模式强调通过科学、技术、工程、数学各类素养的整合以培养学习者融会贯通的跨学科能力;MIT在"大工程观理念"引导下创立的CDIO课程模式,突出从构思、设计、实施、运行的核心要素来组织工程教育课程;而美国大学通过多年教学改革凝练出的通识教育课程核心课程目标"写作及口语沟通、批判性思维能力、信息阅读能力和数学技能"更是综合反映了时代需求的"共通性"学生素质。这些先进的课程设计理念与改革实践在很多方面已经蕴含了大学生核心素养的理念思想,即通过核心要素目标的导引、整合、分解与落实来设计课程,推进课程改革与开发的先进水平。

五、核心素养对教学过程的功能要求

核心素养的重要性不言而喻,教育的当务之急是培养学生的核心素养。这使得核心素养培养的关键环节——课堂教学,既迎来了历史性的变革,也面临着巨大的挑战。课堂教学面临的挑战主要源于核心素养对教学过程的功能要求,课堂教学不再是一维的知识传递,更在于实现多维的价值引领、知识传递与能力培养的统一。

(一)"知识"与"道德"同向同行的价值引领功能

体现育人目标的核心素养教学要发挥精神层面的价值引领功能。长久以来,西方存在"美德即知识"的命题,教学具有价值引领功能是有理论支撑与广泛实践验证的。赫尔巴特更是旗帜鲜明地将"教育性教学"置于重要地位。他认为教学必须肩负起完善学生精神世界的责任,"无教育性的教学"绝不是真正意义上的教学。学校教育向来是"知识"与"道德"的有机统一体，不应出现二者孤立的局面。另外，从马克思主义的人学理论角度出发，教育是实现自我与社会性有机统一的精神性生命活动，教育的本质在于使人成为人。由此可见，教育不仅要满足学生实现"生存"价值的自我需要而传授知识，而且关键要成为超越"生存"、实现"存在"的社会性的价值引领。反观当今的教育现状，受工具理性主义的影响，部分教学成了只传授知识、应对考试的教学，这种教学违背了教育的本然性要求，更与人的本质背道而驰。核心素养的养成，要求学生能够学会平衡自我与社会的关系，培养学生的高尚品格、社会责任心、家国情怀等。可见，核心素养的提出要求教育性教学重新回归，是对教学价值引领功能的重视。

（二）由"知识灌输"转向"知识建构"的知识传递功能

体现育人目标的核心素养教学要深化科学层面的知识传递功能。教学的知识传递功能是人们对教学功能的基本认识。早在17世纪，夸美纽斯就提出了教学就是将一切知识交给一切人的艺术。这一见解对教学的发展产生了广泛且深远的影响，至今仍然主导着人们对教学功能的理解。究其缘由，不难发现，教学的知识传递功能对于个人成长、社会进步、国家富强有着独特的价值。可是，由于目前把知识传递功能简单化、机械化理解的现象日渐显现，致使教学成为"塑造知识人"的表象活动。从某种意义上说，知识传递并非使学生记住和积累某种知识，而是一个由具体的、细微的知识到抽象的、整体的精神之升华过程，知识的获取并不意味着智慧的形成。这表明，知识传递要将知识内化到学生的认知图式中，将知识传递过程由"认识"转变为"认知"，将学生由"知识人"转变为"智慧者"。核心素养明确指出，教学要培养学生人文底蕴、科学精神以及学会学习等方面的技能。核心素养培养突破了教学知识传递功能止于知识识记、积累的局限，要求教学帮助学生厘清知识背后所蕴含的深层次人文精神、发展规律等。可见，传统意义上的教学知识传递功能已无法适应核心素养教学改革的要求。因此，必须对教学知识传递功能加以深化，由知识灌输转向知识建构，保证教学过程的科学性。

（三）以"高阶认知能力"为最终归宿的能力培养功能

体现育人目标的核心素养教学要彰显真实性层面的能力培养功能。随着科学技术的飞速发展，人才的培养不仅需要知识的输入、品格的形成，而且还需要能力的输出。换言之，当个体在面对纷繁复杂的现实社会时，关键在于面临复杂现实问题和未知情境时自己能做些什么。这意味着，学校要着眼于学生应对复杂问题情境的"关键能力"培养。这里的"关键能力"包括了能够运用工具进行沟通的能力、在异质集体中的交流能力、自律行动的能力。纵观当前的教学现状，在学生关键能力的培养上，大部分学校还停留在强调学生识记、背诵的"低阶认知能力"阶段，尚未意识到培养"高阶认知能力"才是教学的最终目标。核心素养主要指向的是培养未来取向的新型人才，特别是培养学生在未来社会中解决问题、适应调整等在内的"高阶认知能力"。根据核心素养的诉求，教学要克服传统上止于书本的"抽象知识"的现象，使教学立足于实际，注重在真实的情境中培养以问题解决能力、复杂情境应对能力为主的"高阶认知能力"。

第四节 学科教学知识之于核心素养的价值

学科教学知识之于核心素养的价值主要包括：人本意蕴、知识传递意蕴、情境意蕴以及评价意蕴四个方面。

一、人本意蕴：实现教学生本化发展

所谓教学生本化，即要求教学以学生为本位、为主体。核心素养的提出，是教学本质复位的契机，而教学的本质最终指向的是人的本质。人的本质的实现，在于满足自我生存需求中对知识的获取以及实现社会性存在的高尚品质的形成。因此，教师在进行教学时不仅要坚守"知识人"的底色，更要发挥"道德人"的作用，实现"知识人"与"道德人"的同向同行。那么，如何破除"知识人"与

"道德人"彼此孤立的局面，实现二者和谐统一、同向同行呢？可以利用学科教学知识有效改善这一矛盾局面。其一，学科教学知识所包含的学科知识能有效帮助教师快速掌握教学内容、学科知识结构等，从而发挥知识传递的作用以满足学生生存中对知识获取的需求；能够帮助教师理解所教学科中涵盖的核心素养包括哪些内容，从而便于在教学过程中更好地实施。其二，对新手教师而言，学科教学知识囊括了教学法知识，它是在快速适应体现育人目标的核心素养教学中的重要法宝，通过教学法知识与学科知识的结合，探索出落实核心素养教育的恰当方式，以达到培养学生核心素养的目的。其三，针对教学中课程育人功能被忽视的现象，学科教学知识中所蕴含的关于课程的知识能够促进教师学会关注课程所肩负的育人职责与使命担当；认识到学生道德品质的形成并非德育课程的专属任务，应是全体教师、全部课程的共同责任，从而加深教师"道德人"的意识，构建"全员全程全方位"育人格局。另外，教师在认识到一切课程都应肩负育人职责的基础之上，可以结合学科知识与教学法知识，有意识地挖掘并分析课程中所蕴含的德育元素，科学制订教学计划，设计德育元素的融入时机，巧妙地在课堂教学中发挥"道德人"的作用，开展对学生社会性存在的价值教育。由此可见，教师可以通过学科教学知识的习得，更深入、全面地认识教学的本质、学生的本质，坚守教学的本质，真正做到"立德树人"；在保证学生获取科学知识的同时，帮助他们形成正确的价值观念、高尚的道德情操。

二、知识传递意蕴：满足教学动态化发展

所谓教学动态化，这里主要指知识传递过程的动态性。传统教学中所进行的知识传递是静态的，而核心素养要求的知识建构是动态的，要求"通过进行基于问题或项目的教学，促进学生主动学习"，实现教学由知识灌输到知识建构的升级。在落实核心素养教育的教学过程中，教师要逐步由"课程忠实取向"过渡到"课程创生取向"，结合教学内容采取多样化的教学方式。同时，在基于核心素养的课堂教学中，教师要引导学生自主思考、主动学习，学生的主

体地位得到进一步体现。因此，教师应当精准把握教学的深层内核，教学不拘泥于教给学生知识，教会学生学习才是教学之关键，不仅要实现动态的"教"，更要关注动态的"学"。关于如何实现教学功能动态化的问题，亦能在学科教学知识体系中找到答案。其一，通过理解学科教学知识中的教学策略，教师在初步把握相关教学方法的同时，在教学过程中灵活使用，逐步形成独特的教学风格，实现动态化的"教"。教师学科教学知识最重要的来源是教师"自身的教学经验和反思"以及他们"和同事的日常交流"。因此，在这一过程中，教师的教学方法不断得以改进、创新，这体现了教学过程动态发展的本质。其二，学生作为一个个鲜活的、独立的个体，各方面都具有差异性，教学过程中不能以程式化、标准化的流程去束缚、要求学生。教师可以学习学科教学知识中关于学生的知识，关注并重视学生的需求，深刻理解学生，根据学生的认知发展水平、思维特点等合理设计适合学生学习的问题或项目，激发学生学习兴趣，促进学生主动学习、自主发展，实现动态化的"学"来改变这一状况；通过学科教学知识的学习与运用，帮助教师在理解教学本质的基础上转变对教学知识静态传递功能的定向思考，实现教学知识建构的动态表达。

三、情境意蕴：促进教学情境化发展

所谓教学情境化，即核心素养视域中的教学要立足于真实情境。以问题解决能力、复杂情境应对能力为主的"关键能力"成为核心素养时代教学的重中之重，要适应纷繁复杂的现实社会，知识的输入是基础，能力的输出才是重点，教学要让堆砌的"死"知识转化为"活"运用的能力。这就意味着，教师要结合时代发展、借助真实情境赋予知识生命力。在对学生解决问题能力的培养中，教师要教会学生将所学知识用以应对复杂多变的真实生活情境，帮助他们能够独立解决现实世界中的各种问题已经成为这个时代教育的重要内容之一。根据特定的教学主题，创设问题情境，让学生在真实的情境中产生质疑并发现问题，引导学生发散思维积极思考，多角度寻找解决问题的方法，才能真正培养学生的思维品质。总之，教学只有与生活情境建立起真实的、内在的有机联系，才能使学生真正融入生活。通过学科教学知识的作用，同样能够实现教学的情境化发展。第一，利用学科教学知识中与学科相关的知识，为学生各项关键能力的培养提供知识基础和理论支撑，保证他们在面对复杂情境时能够有丰富的理论知识储备。第二，运用学科教学知识中与学生相关的知识，全方位、深层次了解学生的能力水平、认知现状、性格取向、兴趣爱好等，为教学情境的设计奠定基础；贴近实际设计的教学情境，更能引起学生注意，激发他们的参与意识。第三，通过学科知识中的教学策略知识，帮助教师进行具体的教学设计与实施，明确情境教学的具体时机，与学生共同参与。第四，借助学科教学知识中的教学情境知识，合理创造真实情境、开展情境教学，促进学生关键能力的培养。总之，通过学科教学知识，教师能够深刻领悟有效培养学生关键能力的方法，从而在实际的教学过程中，培养学生的实践能力，实现教学情境化目标。

四、评价意蕴：推动教学多元化发展

所谓教学多元化，具体表现为教学评价方式的多元性。因为传统的以纸笔测试为主的教学评价方式无法对核心素养所强调的"能力""批判性"以及"创造性"等进行测量，所以建立基于核心素养的教学评价体系成为必然要求。根据核心素养的特性，教学评价旨在破除指向以割裂、零碎的知识积累为主的考试评价的窠臼，建立指向真实情境或任务的、以"素养本位"或"素养取向"为导向的多元教学质量评价体系。

教学评价是助推核心素养落地的重要环节之一，学校教学要打破以考试为主的单一终结性评价，建立多主体、多角度、多元化的教学质量评价体系。由于评价实施在不同学科、不同主题之间存在不同评价体系，教学质量评价应根据不同学科或主题选择不同的评价方式展开，面对不同主题的教学，如何选择评价方式就成了阻碍教学质量评价多元化发展的症结所在。从学科教学知识的构成要素来看，教学质量评价包含如何选择测评维度与测量方法在内的相关知识。教师通过利用学科教学知识中的教学评价知识，能够明确何种维度应该测评、可以测评，清楚各维度的测评重点，为不同的素养能力匹配不同的评价方式。例如，对于学生基础知识习得情况的评价需要依据学业质量标准进行考试测验；对于学生解决问题能力、创造性、批判性以及道德品质、价值观念等可以通过在真实的情境中选择日常观察法、表现性评价以及成长档案袋等形式进行评价。总之，通过借助学科教学知识，在一定程度上能够突破教学质量的评价方式选择的瓶颈；综合考量基于不同问题或项目教学活动的特点，进行教学质量评价方式的选择，甚至是教学质量评价方式的创新。另外，还可以借助学科教学知识开发利用多样化、多形态体现核心素养的教学测评工具。

第五节　基于学生发展核心素养的思想政治理论课教学模式构建

《高等学校课程思政建设指导纲要》提出："课程思政建设内容要紧紧围绕坚定学生理想信念，以爱党、爱国、爱社会主义、爱人民、爱集体为主线，围绕政治认同、家国情怀、文化素养、宪法法治意识、道德修养等内容重点优化课程思政内容供给，系统进行中国特色社会主义和中国梦教育、社会主义核心价值观教育、法治教育、劳动教育、心理健康教育、中华优秀传统文化教育。"课程思政的内涵与人文底蕴、健康生活、责任担当、实践创新等学生发展的核心素养相对应，因此，核心素养是思想政治理论课内容的重要组成部分。

培养学生发展核心素养是落实立德树人的要求，思想政治教育教学改革与建设是落实立德树人的战略举措和迫切需要。思想政治理论课是对学生进行思想政治教育的主阵地和主渠道。如何将学生发展核心素养融入思想政治理论课教学，培养学生发展核心素养、落实立德树人根本任务，是大学课程教学改革的重要任务。

要培养学生的核心素养，就必须在课前明确思想政治理论课教学目标，在课堂教学过程中充分激发学生自主探究精神，让学生学会学习，善于发现问题，形成主动探究和自我管理的意识；在学科知识的探索解决过程中培养学生团队合作精神，增强责任担当意识；在引导学生将知识与实践结合起来的过程中培养学生实践创新的勇气和能力。

一、"六大核心素养"——思想政治理论课教学目标

2019年，中共中央办公厅与国务院办公厅印发《关于深化新时代学校思想政治理论课改革创新的若干意见》指出，需要整体规划思想政治理论课的课程目标，核心素养视域下高校思想政治理论课的课程目标应该包含使命担当核心素养、立德树人核心素养以及社会贡献核心素养三个方面，由个人到国家，由国家到社会，全方位培养社会主义合格建设者与可靠接班人。

使命担当核心素养是高校思想政治理论课的首要目标。文化素养：高校思想政治理论课应该引导大学生品中国传统文化，树立正确的"三观"，坚定对社会主义和共产主义的信念，增强中国特色社会主义的道路自信、理论自信、制度自信、文化自信。政治担当：高校思政教育要引导学生把个人的爱国情感融入坚持和发展中国特色社会主义事业，实现中华民族伟大复兴的中国梦之中，这是一种青年人的政治担当，是由内在认知到外在行动的一种素养。家国情怀：培养大学生的家国情怀核心素养是坚持社会主义办学方向的内在要求，强调了教育要牢牢把握政治原则，是使命担当的最高层次，从而使学生形成责任感，争做社会主义合格建设者和可靠接班人。

立德树人核心素养是高校思想政治理论课的核心目标。学会学习：包含乐学善学、勤于反思和信息意识三个要点，强调大学生能够有浓厚的学习兴趣，自主学习，具有形成终身学习意识，在实践中能够根据切身实际，具体问题具体分析，寻找适合自己的学习方法。身心健康：高校思想政治理论课尤其是思想道德修养与法律基础课程应该充分发挥思想政治理论课的主阵地作用，培养学生良好的道德素质，引导学生过一种积极向上的生活，引导大学生立德成人、立志成才，提高道德修养，促成身心健康，进而以爱党、爱国、爱社会主义、爱人民、爱集体为主线，坚持爱国和爱党、爱社

会主义相统一，系统地进行马克思主义理论与社会主义核心价值观教育。道德修养：培养大学生高尚的道德修养，就必须把立德树人的成效作为检验学生思想政治理论课教学成果的根本标准，要求高校思想政治理论课教师不仅仅传道授业解惑，而且还需要全方位育人、全过程育人，不仅需要培养学生坚定的社会主义理想信念、厚植爱国主义情怀，还需要加强学生的品德修养、增强学生的综合素质，培养德智体美劳全面发展的社会主义合格建设者与可靠接班人。

社会贡献核心素养是高校思想政治理论课的终极目标。法治意识：高校思想政治理论课应该以马克思主义理论中的法学思想和中国特色社会主义法治理论为指导，既要立德树人，又要培养学生的法治意识，树立法治观念，德法兼修，培养大批高素质的法治人才，为全面推进依法治国的进程和建设有中国特色的社会主义法治国家奠定基础。公共参与：高校思想政治理论课着重引导学生认识到人类社会发展的规律，坚定不移地走中国特色社会主义道路，投身到构建人类命运共同体的进程。社会责任：高校思想政治理论课培养的大学生是一个承担着社会责任的公民，这种责任既是个人的社会责任，更是国家的社会责任，引导大学生把理论学习与社会实践结合起来，充分利用实践教学，积极地履行公民义务，自觉参与到社会建设中来，关心社会的发展，增强自身的社会责任感，为社会的发展积极做出自己的贡献，进而培养学生的社会责任和社会贡献素养。

思想政治理论课目标是影响思想政治教育效果的核心要素，是教学设计的核心，直接影响教学内容。要培养学生的核心素养，教师应在深入理解核心素养内涵的基础上，将六大核心素养融入情感目标，并采用适当教学方法实现目标。教师是教学目标的设定者，需要通过培训等方式提高其对学生发展核心素养重要性的认知，对学生发展核心素养的内涵有全面深入理解，并在此基础上认同核心素养人才培养理念，进而从根本上保证专业课程教学目标的设置满足未来人才培养的需求。

二、以学生为中心的全过程思想政治教学方法

根据学生发展核心素养人才培养目标,树立以学生为中心、以教师为引导的教学理念,在课前教学设计中有意识地融入学生发展核心素养,形成思想政治理论课教学内容,并围绕教学内容来构建"课前—课中—课后"全过程思政教学方法。

课前通过问题发布邀请学生共同备课(学生根据教学内容寻找教学素材),引导学生自主发现问题。课堂以引导式、案例式、小组任务驱动讨论等互动式教学为主。在课堂上通过问题引导学生深入思考,通过小组讨论等教学方法指导学生分析和解决问题,以达到激励学生进行自主学习、探究性学习的目的。同时,借助翻转课堂、学生小导师等方式使学生学会学习,激发学生的科研热情。课后,通过参观等实践活动等为学生塑造健全的人格、发展核心素养提供助力。

从教学理念到教学设计、教学实施,管理学课程始终贯穿育人理念,构建六大核心素养思政目标体系,并据此构建思政教学内容,探索出互动式、体验式(项目实践)和情境式(案例教学)等思政教学方式,这样的教学做到了思政育人的全过程化。

三、民主式课堂教学管理

在不违反法律和相关规定的前提下,课堂纪律由学生和教师通过民主的方式进行制定,也通过该方法形成学生成绩核算规则。以民主的方式制定课堂教学纪律的优势有二:第一,可以培养学生的主人翁意识,让学生深切体会自己是课堂的主人,在课堂上不是被动地接受知识,而是拥有主动权;第二,可以激发学生的责任意识,有助于课堂的优化管理。

学生和教师通过民主讨论的方式共同制定课堂纪律,不仅能促进学生主动遵守纪律,而且能激起每名学生的责任感,让他们成为课堂纪律的监督者,让教师从繁杂的事务性工作中(如考勤)解脱出来,提升课堂效率。民主式课堂教学管理目的是实现学生自我管理,助力学生责任担当素养的培养。

第二章

高校思想政治理论课教学质量评价体系

思想政治教育事关培养社会主义合格建设者和可靠接班人的重大战略目标,对核心素养视域下思想政治教育工作质量进行科学评价既是思想政治教育工作实践不断深化发展的客观要求,也是深刻适应思想政治教育创新发展的重要内容。要想深入探索核心素养视域下思想政治教育工作质量评价的相关问题,廓清评价、教学评价等基础理论是基础。

第一节 评价及评价的价值

评价是一种对事物是否满足以及在多大程度上满足主体需要的价值关系的揭示和判断,其中,事物的价值——事物与主体需要现实地或可能地具有什么样的关系以及应该呈现什么样的关系,是评价活动的核心,体现了评价中的价值。但是,就评价活动本身而言,评价的导向、内容、方法、效果等是否满足了评价价值主体的需要,也就是说,如何来判断评价活动本身的优劣善恶?这就导出了另一个问题,即评价的价值问题。

一、评价活动的本质

评价也是一种认识活动,但这种认识活动不同于一般的认知活动,而是建立在认知活动基础之上的更深层次的认识活动。人对世界的认识活动有三种基本类型,即认识世界、改造世界与利用世界,认识世界是为了改造世界,而认识与改造世界都是人类利用世界的手段,人类活动的最终目的是为了利用世界。因此,人类在认识世界本来面目的基础上,还要根据自己的需要进一步认识、选择、思考和判断,这就产生了评价。

(一) 评价的意义指向

评价活动是主体对事物的一种价值选择和判断,是人揭示事物的存在和变化对自己的意义,以便全面地、合理地占有对象的活动。评价作为哲学的研究对象,处于"认识论和价值论的交叉点上",这包含两个含义:其一,评价建立于认知之上,认知性特征是评价活动的基本特征。即评价首先基于对事物事实的认识,评价主体与事物客体形成认知性主客体关系,这种关系的目的在于认识和了解事物的客观状况,而不发生改变其本然结构的实践活动。这是从认识事物"是什么"的角度去认识客体,是认识论要解决的问题。其二,评价基于主体的需要,在对事物认知的基础上,对事物的价值关系有了一种选择或判断。这种价值判断以对事物的真实认知或判断为基础,但并不是从事实判断中直接推理出来的,在这里,主体的需要是非常关键的因素,这是价值论要把握的问题。对事物的实然状态的认知,意味着对事物规律性的把握,而主体的需要则决定了事物的目的性之所在,体现了事物的应然方向,这就构成了人类实践活动的两个尺度,其一称之为合规律,其二称之为合目的。不合规律的活动,人类不可为之;不合目的的活动,人类不愿为之,评价活动也就是在一定条件下对事物价值所做的合规律与合目的的选择或判断。

(二) 评价的价值标准

在评价活动中,包含着两层关系,即评价主体与评价客体的关系、价值主体与价值客体的关系,而价值主体不是以实体的形态存在,它是以价值主体的需要形式存在。评价的过程实际上是根据评价者所把握的价值主体的需要为尺度来衡量价值客体的意义,以此进行价值判断，这就产生了评价的价值标准问题。

价值标准是价值的表现形式，是评价者借以度量评价客体有无价值以及价值程度的一种尺度或标准，价值标准的确定是评价活动的关键环节。英国哲学家 W.D.拉蒙特认为价值判断分为两种形式：一种是绝对的价值判断（某物是好的），一种是相对的价值判断（某物比某物好）。而两种形式的判断都要依据一定的价值标准来进行，这表现了评价活动的规范意识的特点。

价值标准决定于人们对价值本质的认识，因而根据价值的不同学说，价值标准也包含需要标准、兴趣标准、欲望标准、情感性标准、有用性标准、功能标准、后果标准等。从主客体关系的影响和效力去认识价值本质，价值标准应体现为客体对主体的效应，即指功效、效果、作用、影响、效益、效能等因素。客体对主体的功效或效果是一种客观事实，所以，以效应作为价值标准，就是拿事实说话，具有不容置疑的说服力，体现了较为客观的价值标准。价值标准包含价值主体的两层意义：一是主观的"想要"，二是客观的"需要"。客观的价值标准，不仅包括主体客观实际的需要，而且包括主体所占有的客观实际的能力，由此，价值标准并不完全等同于现实评价活动中的评价标准。

评价标准是评价主体对价值客体需要的反映，是意识到的价值标准和现实化的价值标准的统一。因为任何评价活动都是在一定的评价情势和背景下进行的，任何标准也必定是服从于一定评价目的和评价情势的，价值主体的需要也要受其自身条件和客观情势等多重条件的制约，价值主体需要的主观标准要成为一个现实的评价标准，必须有一个与客观条件结合和转化的过程。在这个过程中，要处理和协调主观上多重需要的矛盾、主观需要与客观条件的矛盾、统一性与多样性的矛盾以及标准的稳定性与流变性的矛盾等，才能比较合理地确定出现实的评价标准。评价标准的确立实际上体现了价值主体主观标准及客观标准的统一，只有这样，价值标准才能转化为现实的评价标准。如对高等教育的评价，其价值标准有学术价值、社会价值、文化价值、经济价值等，以什么目的、从什么角度出发去对之衡量和评价，是确立现实的评价标准必然要认真思考的因素。评价标准常常由评价体系来表示，即一种由评价指标组成的具体化、操作化、系统化的评价标准。评价标准在实际的评价活动中代替价值标准起着度量事物价值的重要作用。

有学者将评价标准分为绝对标准、权威标准、实践标准、可行性标准四种。绝对标准几乎接近于价值标准,权威标准是带有强制性的价值标准,实践标准是价值客体结合自己实际所采用的迎合价值主体需要的价值标准,而可行性标准是价值客体在创造价值过程中,摆脱自身局限性采用的、可以实现自身价值最大化的标准。在实际评价活动中,宜采用可行性标准。

(三)评价的合理性界说

既然评价活动是一种从主体需要出发对客体价值的判断活动,那么,评价有无合理性可言?这个问题曾在哲学领域引起了很长时间的争论。评价是以认知为基础且包含认知在内的一种价值认识活动,在人们的价值判断中包含与事实判断相同的不依赖于判断者的客观内容,也就是说,人们在向"善"的价值取向中首先包含事物的"真"的面目,这是评价活动的客观性的一面,也是证明评价合理性的重要基础。而另一方面,就人的需要而言,大千世界形形色色的人类也绝无追求一致性、普遍性的必要,因为正是形色各异的人类以及不同的需要,才造就了千千万万充满活力、充满生机的价值世界的图景,现实世界才因此丰富多彩,人类也才能发展和进步。所以,合理性其实指的是一种行为方式,从规范的角度去探讨合理性问题,也就是指出在一定条件下为达到一定目标而应该如何去做。所谓绝对的评价的合理性是不存在的,而只是在一定的社会历史条件下去看其是否具有合理性,超过了一定限度合理性就不复存在,这是探讨评价合理性的立足点。我国学者冯平据此提出了评价合理性的模型,即评价的合事实、合逻辑、合规范、合目的性。这包括三个层次的条件:其一合事实,要求对评价客体及评价中事实的把握是准确的;其二合逻辑、合规范,是指评价的设计必须具有逻辑自洽性、和谐性;其三合目的性,是指评价所引导的行为必须是合目的的。这一标准,可以称之为评价的合理性的尺度。

二、评价的价值及取向

评价的价值，是评价活动的内容、方法、效果等属性或特征是否满足评价的价值主体的需要的一种表现，评价价值的判定，是建立在评价合理性认识的基础之上对评价活动的一种再评价。简而言之，就是对评价活动的优劣、好坏、善恶等做一种类别和程度上的判断。当我们说一个评价是好的评价，在一般意义上就意味着这个评价是有价值的。

（一）评价的认知性价值

评价是人类的一种特殊认识活动，包括事实认知和价值判断两个方面，对客体事实的认知是评价活动的重要内容，为评价活动发现和揭示客体的价值奠定了坚实的基础。因而，认知性特征是评价活动的基本特征，评价的认知性价值是评价价值实现的条件和前提，同时也是评价价值体现的重要内容。

评价的认知性价值主要表现在其科学性和建构性特征上。对社会意义的评价活动来说，认知并非简单的探究行为，而是要依据一定的原则和标准，借助一定的方法或工具，对客体事实的状况和本质作求实求是的认识和剖析，这种认知活动以客观性、准确性、全面性为基本原则，力求在评价的计划、过程、结果等各个环节体现科学、公平、公正的思想，评价的结论也要持之有据、论之有理，要能够反映评价对象的本然结构。不仅如此，这种认知活动并不停留在对客体对象的简单认识上，而是体现为一种理知层面的高级认识过程，通过选取其本然结构中的关键要素，并依据这些要素之间的联系，按照一定的准则与逻辑，进行去粗取精、去伪存真的概括、总结、归纳和抽象所得出结论。因而，评价活动的认知性过程体现出客观性、全面性、理知性的特点，具有科学性的价值。

评价的过程是评价主体通过一定的知识图式，如评价目的、评价原则、评价方法等对有关评价客体的信息资料进行梳理、分析、整理，最后得出评价客体状况结论的过程。这个过程通过评价主体的主体性、能动性的发挥，并结合评价客体的配合和参与，经历了一个对评价客体的本然状况到显见状态的建构过程，这个建构既体现了评价主体的认知手段、认知方式、认知水平的能力制约着评价活动的科学化价值的实现，同时也体现了评价活动对评价目标"理想范型"的追求指向。因而，评价主体在认知过程中的建构价值是衡量评价活动价值的重要方面。

（二）评价的功能性价值

如果把人类的一切活动都看作为了发现价值、创造价值、实现价值和利用价值的话，那么评价就是人类发现价值、揭示价值的一种手段或方法，它通过自身特有的功能和属性为人类实现价值和利用价值的目的服务。评价的属性和功能经过主体需要的转化，就会形成评价所特有的功能性价值，只有最大程度地实现评价的功能性价值，评价才会体现出自身的重要价值。

第一，评价具有判断的功能价值。以人的需要为尺度对客观事物作出价值判断是评价最基本的功能之一，通过判断来揭示客观事物能够满足人们需要的价值所在，从而使人们不断地摆脱盲目被动性，而自觉能动地趋利避害，从而有目的地创造和实现价值。

第二，评价具有发现的功能价值。评价不仅对现实的、既存的价值关系进行判断，而且对潜在的、未来的事物进行价值认识，从而发现事物新的价值，这样，一方面有可能推进事物的新的发现，体现评价的创新价值，另一方面也体现评价具有超前性的预测价值，使人们可以确定实践目标，少走弯路。

第三，评价具有选择的功能价值。选择是评价的外化，也是评价的目的。通过评价，将同样都具有价值的客观事物进行比较，从而确定哪一个是更有价值、更值得争取的，这是对价值程度的一种选择和判断。通过评价而将事物的取与舍在人的需要的基础上统一起来，取和舍都是为了满足人的需要，但只有舍才更有利于取，使事物的选择更有价值，或实现更大的价值。

第四，评价具有反思的功能价值。对事物进行价值的选择和判断，本身就是一种批判和反思的过程，这个过程使主体能够更加清晰地认识自己、认识客体、认识自己的需要与客体之间的关系，在这个认识和梳理过程基础之上，主体才可能做出更好的判断和选择，从而谋取更大的价值。

第五，评价具有导向的功能价值。导向功能是评价的核心功能，判断、发现、选择、反思的功能都服务于评价的导向的目的。评价最终还是缘于人们的需要，服从于人们利用价值、享用价值的目的，所以，人们认识、判断、发现、选择、反思等行为都是为了人们创造价值和实现价值的目标，为了在思想上和行动上对人们进行方向引导，使人们能更好地实现这个目标。

（三）评价的价值取向选择

评价的价值取向是人们在评价时，在价值角度方面所持的立场或思想倾向。一般来说，评价大体上分为完善性的评价和功利性的评价，体现自我完善性的价值取向和功利性的价值取向。自我完善性的价值取向往往导致道德评价、审美评价等评价，这种评价纯粹为了追求精神上需求的满足，而不是为了另外的目的。如无数学问大师仅仅为了满足"闲逸的好奇"而持之以恒地坚持对学问研究，其价值取向就是单纯的求真求知，自我完善，体现一种为学术而学术的追求。而功利性的价值取向是从一定的利益需求出发来做某一件事，例如为了赚钱而工作、为了生存而学习等。这种利益需求的价值取向往往导致功利性的评价。

从人类的需要体系来看，人的生存与发展的需要是最基本的利益需求。从广义上说，它也包括人的道德需要和审美需要。道德需要和审美需要是人的生存发展需要的派生物，从狭义上说，它们是非功利的。但是，如果要对它们进行进一步的"为什么"的追问时，原则上也只能给出功利性的回答。所以，在现实生活中，功利性的价值评价是最为普遍的，它涉及广泛的范围，体现出有较大程度的合理性。

人们做出评价，是因为人们面临着选择，是因为人们需要在现实的多种可能和人的多种欲望中做出选择，而这种选择从根本上说是以功利评价为基础的，功利评价直接指向行动。同时，人之所以要进行功利性评价，也由于人的资源是有限的，而人们的欲求是这有限的资源无法完全满足的。人的生命是有限的，为了使更多的、更重要的需要获得满足，就必须以最小的耗费来取得最大的效果，所以，评价应以获得最大效益为其基本原则。评价就是为了使主体能够尽可能地选择最大效益的目的、手段、计划、方案、行为，追求最大效益原则是检验评价有效与否的一个外在标准，是对评价活动的功用和效果的衡量和检验。当我们说评价要遵循价值原则，实际上也是说它要遵循最大效益原则。

（四）评价价值的判定标准

评价就其性质而言，是一种较复杂的社会活动，涉及评价目的的制定、评价内容的设计、评价主体的选择、评价方法及技术的运用、评价结果的处理等多个方面，任何一个方面都影响到评价的效度和信度，影响到评价价值的实现。例如，从方法论的角度看评价，有学者曾认为，评价过程包括"物理"阶段（W）、"事理"阶段（S）、"人理"阶段（R）三个阶段。物理阶段主要是理解评价对象的基本属性和特征，建立能够表征评价对象属性的评价体系，全面收集有关的信息和原始数据，进而确定指标值；事理阶段主要包括确立指标的权值，选择合适的评价方法并开展评价；人理阶段主要指协调管理者、评价者和评价对象之间的关系，其中牵涉许多不可把握的主观因素，要经过多方面权衡之后给出评价结论。

在实际评价活动中，几个阶段纵横交错地贯穿其中，需要定量测定和定性分析交叉进行，评价的复杂程度由此可见一斑。那么，究竟如何衡量评价的价值？在一般的意义上，就是要根据理想的评价，或是评价的理想目标建立一个评价的价值尺度，从而对评价活动进行再评价。为此，很多学者提出评价的科学化问题。人类的价值意识是对需要、利益的意识，是以利益意识为基础形成的包含情感、兴趣和理想在内的态度性意识，这种意识反映了强烈的个体主观性。因而，从理论上说，价值意识只有被科学精神和规则来进行制约和规定，个人或人类的主体意识才不至于肆意妄为，超越限度，评价也才会在理性的认知基础上做出合理的选择。由于评价的有效性和可信度要通过科学知识来保障，评价活动的科学化也是必要的。

在评价的研究中，更多学者趋向于评价的合理性。按照人们的日常理解，合理性的含义近乎于事物的合乎理性、合乎逻辑、合乎情理、合乎公理等。而科学性的含义更侧重于按照科学的态度、科学的方法、科学的程序来行事，更侧重于指活动的过程特点而非结论的性质。相对来说，合理性的意义更为宽泛、更为通俗一些，而科学化则有着更加严格和高规格的要求。评价科学化的核心实际上就是要求按照科学的精神来组织评价，根据可靠的知识和价值理念来进行评价，力求评价活动在正确、合理的基础上达到最优。

第二节　教育评价的价值理解

教育是一种有意识有目的的社会活动，在教育实践领域，教育目标的达成、教育价值的实现、管理与绩效、工作与信念、教育活动者之间的关系等，都无时无刻不与评价发生着联系，无时无刻不在发生着评价活动，这些活动对教育活动产生着深刻影响。今天，随着教育事业的飞速发展，教育评价的理论研究和实践活动显示出越来越重要的现实意义，在现代教育发展和教育管理中占有重要位置。就一个独立的研究领域来说，在世界范围内，教育评价研究也成为与教育基础研究、教育发展研究并称的教育学的三大研究领域之一。对教育本性的不同理解，直接关乎着对评价在教育活动中的地位与作用的不同认识，影响着对教育评价的价值的理解以及教育评价的研究导向和实践发展。

一、教育评价的历史发展阶段

评价运用于教育领域而形成的教育评价既古老而又年轻，说它古老，在我国可以追溯到我国古代的科举考试，用来选拔、考核官员；说它年轻是因为真正明确提出教育评价这一概念并且把评价系统运用在教育领域的是泰勒，他提出了著名的"泰勒原理"即教育评价就是描述教育结果与教育目标实现的程度。而教育评价学从教育学分离，形成一门独立的新兴学科则始于美国20世纪60年代。目前教育评价已经经历了四个历史发展阶段，人们对教育评价这一概念的内涵和外延的认识也得到发展和深化。

（一）测量时期

这是教育评价的第一发展阶段。19世纪中叶，美国著名教育家贺拉斯·曼在学校教育中引入了书面考试，对学生掌握知识的程度进行测量，用来测评学生的学业成就。当时测量与评价是同义语。一直到20世纪30年代，评价者被认为是了解某些重要变量——通常是学生变量——的技术人员，他们需要找到或者构建起足够有效且可靠的工具，对变量进行测量、测验。

（二）描述时期

这是教育评价的第二发展阶段。20世纪30年代，以杜威实用主义教育思想为指导的进步主义教育运动席卷美国，成立了以泰勒为首的教育评价委员会，进行了8年的实验研究，认为教育测量并不等于教育评价，评价不仅仅要报告学生的成绩，更要描述教育结果与教育目标的一致程度，从而发现问题，改进课程教材和教育教学方案与方法。强调评价者立足于目标，对其进行操作化定义并获取信息——用来描述目标的达成情况。教育评价的"泰勒模式"开创了教育评价的新纪元，使教育评价走上了科学化道路。

（三）判断时期

这是教育评价的第三发展阶段。1957年由于苏联人造卫星升空，引起人们对美国学校教育成效的怀疑，认为美国的学校教育在数学学习和自然科学方面很失败，从而掀起了一场新的教育教学改革。评论专家认为评价者只是收集测验分数，描述绩效和目标之间的差距已经远远不够，他们还需要做出判断即确定的教学目标是否需要评价、是否需要价值判断、判断标准是什么等，代表人物有斯克瑞文（scriven）、斯太克（stake）等。

（四）建构时期

这是教育评价的第四发展阶段。20世纪70年代，以古巴和林肯等为代表的教育评价专家对传统的评价理论做出批评和反思，认为传统的评价理论存在"管理主义倾向""忽视价值的多元性""过分依赖实证的科学范式"等缺点，与此相对应，认为评价的本质是评价者与被评价者通过"协商"而进行共同"心理建构"的过程，突出评价的价值特性，反映价值多元化的趋势，重视人的主体意识，提出质性评价方法和"应答式"评价模式。

二、教育评价意义的形成分析

教育评价是随着教育活动的产生和发展而不断丰富、完善、发展起来的一个专门的教育理论研究领域和实践领域。教育评价的意义究竟是什么，其本质何在？这是教育评价的基本理论问题，也直接关系着教育评价的实践指向。从教育评价历史发展的脉络来看，教育评价的内涵和意义是一个发展变化的过程，逐渐凸显其价值意义的特性。

在教育评价的萌芽时期，评价只是通过对学生人格和学业成绩的主观判断来对学生进行评价，所谓"等级"的基准也是由教师主要从人格道德的水准而主观臆定的。可以说，这时候的评价虽然体现了"评定"的最初功能，但这种功能完全是评价者主观价值观的反映。随后，从考试开始在学校教育中起到鉴别作用之日起，教育评价的内涵和意义向前发展了一步。因为，尽管由于当时的水平和技术有限，不可能对考试的内容做一种科学的设计，但考试毕竟作为一种客观的手段可以对学生的实际状况做出一定反映，科举制度因而能够在等级森严的封建社会中起到人才选拔的有效作用，首次体现"评价"作为为"社会公平"服务的度量工具的作用，显示出"评价"是以一定的"事实"为基础的判断行为。当然，这个阶段的"评价"还不具备教育评价的完整意义，只是展现了一个雏形的事实。

从20世纪初的教育测量运动兴起之后，科学手段的运用使教育评价对象客观化、准确化，测验、测量、统计等更成了教育领域里不可或缺的重要概念，教育活动科学化的热潮随之兴起，为评价的发展奠定了坚实的"事实"基础。但是，真正意义上的教育评价，从它产生之日起，就与教育测量、测验的立足点有着完全不同的区别。在教育评价的发展历史上，测量的概念率先问世，而后才有了评价的概念。但是，在泰勒首创了"教育评价"这个词语时，他的意图是在课程领域中把预期的成果与实际的成果相比较，他的"教育评价"的概念等于确定了一个范围——即评价的客体已经作为教育计划的一个部分纳入了教育目标。随后，泰勒把他的评价概念广泛用于帮助教师们促进其课程和他们用于课程的测试的发展。这就充分证明了，教育评价从一开始就融入了"计划"或目的的价值理念，这些评价的作业应当是旨在教育的，旨在更好地达到教育的目的。这就使教育评价有着截然不同的全新的意义。

从历史发展的脉络看，教育评价基本上经历了一个从主观判断到考试、测量，再从测量到评价的过程，经历了一个从强调评价的方法论到强调评价的目的论的过程，强调了教育评价是依据一定的教育目标，利用科学的手段收集信息，在此基础上进行价值判断的过程。

三、关于教育评价概念的共识

第一，教育评价的目的是为教育决策提供客观而真实的信息，完善教育过程，提高教育质量。评价作为人类有目的、有计划、有组织的实践行为，是指向一定目的的主观活动，毫无疑问，教育评价也不例外。尽管人们对于评价作出何种解释，无论是克龙巴赫强调过程的形成性评价还是泰勒强调效果的总结性评价，虽侧重点有所不同，但"评价特有的目的从逻辑上讲只允许一个定义成立：评价是对某一事物价值、优劣以及意义的判断。人们可以用不同的方法进行判定，但是其必不可少的一个条件是通过某一过程来保障某个项目、产品、过程、计划、课程或人事的质量、有效性或价值。"

第二，教育评价的本质是事实判断与价值判断的统一。建立在教育决策基础之上的信息的调查、收集、整理、统计应该是客观而真实的数据，即使是评价者对评价对象的价值判断也是建立在对价值客体满足价值主体需要的程度即价值事实基础之上，否则，缺乏客观事实的评价只能是评价主体的主观臆断。在教育评价发展的历程中，评价与测量相伴始终，无论克龙巴赫教育评价定义："收集和使用信息以对某个教育项目进行决策",还是格朗德的定义"评价=测量(量的记述)或非测量(质的记述)+价值判断",都体现了主观与客观、价值判断与事实判断的统一。

第三,教育评价体现评价主体的价值取向,反映评价主体的需要和利益。教育评价的价值观决定着教育评价的价值取向。当存在着若干种教育价值的方案时,评价主体要从自身的需要和利益出发,按照主体价值取向对教育评价的目标、标准和方法的选择,来选取或倾向于一种方案进行教育评价。那么,只有建立科学、合理、正当的价值取向,才能客观、公正、有效地做出评价,提高评价的效度和信度,为教育活动的改进或社会决策服务。

教育评价的取向实际上是教育价值取向问题的延伸,而教育评价的价值取向取决于人们的教育价值观。例如,长期以来,我国在教育价值问题的认识上,趋向于偏重社会价值而忽略个人价值或教育自身的价值,这样就导致我国的教育评价在价值取向上面过分强调教育为社会服务的价值,在评价的操作和导向上导致了功利主义,使教育活动自身的内在价值得不到充分的体现,教育活动中的人的主体地位也被忽略或漠视。因此,现代教育评价要植根于教育发展的现代理念来认同和确立教育评价的价值观,在评价价值的选择上融合科学与人文、社会与个人等本体与派生的多种价值,选择合理的价值标准展开评价,以使教育评价适应现代教育的多元价值的需要。

第四,关于教育评价含有价值反思意味。由于教育活动是一种价值关涉的活动,教育活动本身具有内在的价值向度,因此,对教育活动的评价含有较大的价值反思的意味,教育评价的价值判断也就具有更多的价值导向的作用,这是教育评价必须要清楚的前提。因为,教育评价中的价值判断,不但体现着主体的需求与利益尺度,而且还具有规范、命令的意味,它关心教育应该是怎样的,怎样的教育应该是有意义的。因此,较之一般的价值,教育价值判断更多的是对教育的理想状态、应然状态的憧憬,是对变革现实的行动与实践所建构的规范。这就是有的学者提出的"教育评价的正当性"的追求。这是对评价活动更高层次的要求。即评价不仅要满足科学主义对评价活动的规定,如评价的评价体系是否反映了教育目标的逻辑要求、评价的技术线路和手段是否符合科学的规范等，而且特别值得指出的是，评价主体在关注教育事实之外，要以一种批判和反思的视角对评价的价值作出选择、判断和取舍，用规范价值去导引教育活动的意义，完成教育评价对教育价值的正当指引。

第五，教育评价中的意义理解。正如解释学对教育活动的理解的那样，教育实际上是一个意义生成的结构，教育活动本身负荷着意义和价值，而不同的主体在认识或评价同一教育存在时，往往会有不同的理解，认识或挖掘出不同的意义。用解释学的论点来理解教育评价，人们在对教育客体价值的理解中，不是价值无涉的，而是带有"先入之见"的烙印，并且在理解的过程中带有主体个性的痕迹。因而，在教育评价的过程中，首先要理解主体"先入之见"的文化和价值特质，对教育事实做价值事实的分析。其次要看到，教育评价的对象，诸如教师或学生，他们本身也是在交往实践中不断生成、不断变化着的主体，如果单纯采取管理主义的态度和科学主义的方法，就有可能丧失评价应有的功能。实践证明，在教育评价过程中，评价者与被评价者应是一种"交互主体"的关系，评价过程应是一种理解、对话的过程。因此，必须确立价值多元、尊重差异的新理念。换句话说，走向理解的教育评价，是我们探讨教育评价本质的重要视角之一。这也正体现了"第四代评价"的价值的共同建构的思想。

四、教育评价的价值体现

现代意义的教育评价产生以后，教育评价的实践就成为教育教学活动系统中不可或缺的组成部分，对教育的发展起着重要作用；教育评价的理论研究也成为世界教育科学研究的重点领域，备受各国政府的关注。随着社会经济的发展和教育改革的兴盛，教育质量的提高、教育投入的效益更成为全社会瞩目的中心议题，这就使教育评价显示出日益重要的功能作用，表现出其独特的价值。

（一）教育评价在教育系统中的功能地位

研究教育评价的功能，首先必须将它产生的源头和缘由联系起来进行分析。在泰勒首次提出目标模式的评价观时,他把教育看作一个有意识地改变学生行为的过程。他认为,在教学过程启动以前,教育者就要把所期望的学生的行为变化以教育目标的形式规定下来,而全部课程只是由学校计划和设计的一系列宽泛的经验,这些经验用来帮助学生使其形成明确的行为结果,而评价就是确定这些课程对学生行为变化所起的作用的程度。因此,泰勒在课程改革实验中,把评价用于帮助他所在的俄亥俄州立大学的教师们促进其课程以及测试的发展。可以看出,在这里,泰勒是把评价作为对教学过程的调控工具,目的是为了通过评价的反馈来促进教学目标的实现。在泰勒之后,他的学生布鲁姆的研究,使教育评价在教学系统中的理念得到了更加完善的发展。布鲁姆强调评价在促进学生发展上的作用,认为评价是一种获取和处理用以确定学生的水平和教育有效性证据的方法,评价是检验教育的重要长期目标与教学任务目标的一种辅助手段,是确定学生按这些目标发展程度的一种过程;评价是判断教学过程的每一个步骤是否有效的反馈—矫正系统,是一种检查选择的计划程序是否达到教育目的的有效工具,等等。桥本重治把评价放在教育系统的结构中去研究其作用,详尽地分析了教育计划在目标的指导下输入、输出和运作的过程。他认为,教育评价在教育系统中的地位与作用,可以概括为:获取输入信息以制订最优教育计划;获取输出信息,对师生做出反馈,以用于调整指导和学习;此外,教育计划(课程)本身也是评价的一个对象。在这些评价理论的指导下,教育评价的实践得到了很大发展。事实证明,教育评价已成为完整的教育过程的重要组成部分,对教育目标的达成、教育活动的发展起着重要作用。

(二)教育评价在社会系统中的作用

随着社会的发展,有关教育的各种决策和规划越来越多,开始涉及教育活动的多个领域,而且对教育评价的依赖与日俱增。比如,从一开始,教育评价首先是在教学过程中为了实现教学目标而进行,评价的内容主要是教学计划、教学大纲、课程编制、班级学习小组编制、学生学习情况、教师教学水平等;评价类别主要有教师为有效的教学方法而对学生进行的学力、个性等情况的输入信息和输出结果评价以及学生为了有效的学习而进行的自我评价等。但是，逐渐地，教育评价对学校、县、市乃至全国的教育计划或教育项目的整体性考察越来越多，教育评价的内容走出了教学过程，宏观范围的教育评价不断扩展。

随着教育的发展，教育经费的紧张更使得教育投资的回报成为社会或财团的利益需要，对教育机构整体水平的鉴定或评估更成为教育评价的一项重要内容。这样，教育评价不是出于教学过程本身的要求，而是出于社会决策需要的成分越来越大，教育评价与教育政策的决定、教育项目的获准甚至与社会服务、社会公益的联系越来越紧密，教育评价开始在社会系统中发挥重要作用，而且教育评价开始拥有一批社会的、团体的或个人的委托授权者或服务机构。这样，教育评价就显示出它的重要的社会功能。

（三）教育评价的价值分析

功能是一个系统因其特定的结构而产生的一种客观性的作用或属性，而价值是基于这一客观作用或属性向价值主体所呈现的主观性意义。教育评价的价值正是主体对于教育评价功能所进行的意义选择与评价，通过教育主体在教育评价过程中对教育事实的发现、挖掘、判断和提炼，教育事实的功能作用就会转化为教育价值，实现教育事实的外化。因此，教育评价的价值就体现在教育评价的功能意义上。

首先，教育评价体现教育价值。教育评价，顾名思义，就是在教育中为教育而进行的评价，而不是为评价而进行的评价。教育评价的产生缘起于教育目标的达成，教育评价的发展自始至终离不开教育的进步和发展，"为了教育"是教育评价的目的，"围绕教育"是教育评价的宗旨，因而，教育评价的核心价值体现为教育的价值。教育评价的教育价值表现在教育教学领域的许多方面。

比如，评价的教育指导性价值。在教学中，教师通过对学生智力、学力、态度、情感等方面进行考查并做诊断性评价，对于制订明确的教育计划、选择有效的教学方法起到良好的辅助作用，可帮助老师有的放矢地进行教学。而在教学单元或学期结束后的总结性评价，则会使教师对本阶段的教学有一个明确的认识，认识优势并发现不足，为以后的改进教学起到作用。这个价值是教育评价最初的也是最重要的功能的体现。再如，评价的学习性价值。主要体现在学习者所进行的评价和自我评价中，学习者通过教师的信息反馈和自我评价了解自己的学习基础和学习素质，对后续学习产生的影响或效应是非常重大的。同时，不可忽视的是，教育评价的教育价值还体现在教育研究领域。一方面，教育评价的理论研究作为教育科学研究的重要组成部分，是教育理论研究水平的体现，教育评价研究水平的提高，能够极大地推进教育科学整体研究水平的发展。另一方面，教育评价的实践也对教育项目的研究和开发起到重要的参考作用，如评价的有效性建议，可使教材、教法、教育规划的研究得到有针对性的改进。

最重要的是，教育评价通过价值导向和价值反思，使教育过程成为一个发现价值、建构价值、最后实现价值增值的过程，在这个过程中，引导教育机构达成一定的教育理念，促进教育活动中人的发展，促进教育活动不偏离教育的宗旨而时时保持一种自觉意识和批判精神，这是教育评价教育性价值的最核心体现。

其次，教育评价体现管理价值。教育评价的管理价值表现在教育系统内外两个方面。从教育系统内部方面，无论是国家教育行政部门主管下的整个教育系统组织，还是一所学校内部的教育活动，都离不开教育评价的管理协调作用。在宏观上，表现为教育评价通过教育水平鉴定、教育资金分配、教育活动组织等手段对整个教育系统和教育活动在规划、组织、管理、决策等方面起到很大的调控作用。在微观上，表现为通过评价的诊断、反馈、改进、激励、强化功能，使学校内部的教育活动不断提高自我检查能力和自我教育能力，改善教育教学、提高管理效益，从而逐渐形成教育工作自我调控、自我完善的有效机制。随着教育规模的扩大、教育事业的进步，教育评价在教育活动中的管理价值和决策价值将得到越来越充分、鲜明和深刻的体现。

最后，教育评价体现社会价值。教育评价在社会系统中所发挥的重要功能，使教育评价在教育系统之外的社会价值日益得到展现。从评价的萌芽时期起，教育评价就作为一种手段起到为社会选拔人才的作用，这是教育评价作为社会管理手段的最初体现。随着教育逐渐成为社会系统中的轴心结构，教育事业与社会事务日益交织、融合和共同发展，教育评价在社会系统中的作用也变得日益突出，教育评价在社会决策、管理、运行方面的价值成为一种不能忽视的力量。南格尔·诺利斯为此总结道："历史地来看，社会科学同社会的进步与社会稳定的保持有着密切的联系。教育评价是一种思想表达，这种表达深深地植根于一种信仰，即科学方法论可以被利用于社会事务的提高和有效管理方面。评价探索的方法论的不同概念包含着科学和社会之间的不同关系。"第二次世界大战后，世界各国都把发展教育作为一项战略任务来抓，教育变成社会系统运行的一个核心成分，其中大量纷繁的政策制定、资金分配、社会服务、利润统计都需要教育评价手段的辅助和运作，也正是在这个背景下，教育评价作为一门学科或独立领域才得以迅速地发展起来。可以说，正是社会的需要造就了教育评价的社会价值，这就使教育评价的价值溢出了教育系统本身，具有了更加广阔、良好的发展前景。

第三节　高校思想政治理论课教学评价体系概述

高校思想政治理论课教学问题一直是针对大学生深入开展思想政治工作的关键环节，教学评价有助于思想政治教育工作者进一步客观认识当前思想政治理论课教学质量，通过开展教学评价，有针对性地提升思想政治理论课教学实效性。

一、高校思想政治理论课内涵

在众多高校课程门类中，思想政治理论课到底是一门什么样的课程？要想准确回答这一问题，我们首先必须要对高校思想政治理论课的定位和本质有一个准确的认识。习近平总书记在学校思想政治理论课教师座谈会上的讲话中对思想政治理论课定位做出了明确阐释，强调指出"办好思想政治理论课，最根本的是要全面贯彻党的教育方针，解决好培养什么人、怎样培养人、为谁培养人这个根本问题"，是"落实立德树人根本任务的关键课程"，"思政课作用不可替代，思政课教师队伍责任重大"①。具体来说，我们可以更具体地将高校思想政治理论课的本质概括为以下几方面：

第一，从学科划分角度看，思想政治理论课都是以马克思主义理论特别是马克思主义中国化最新理论成果作为教学的主要内容，以课堂教学为载体，直接以学科或理论形态的方式对大学生展开的思想政治教育。

第二，从研究领域广度看，思想政治理论课是研究人类社会发展规律以及人的思想发展规律的科学，而且不仅仅是单一科学，更是一项复杂的综合性科学。在马克思主义理论学科支撑下，思想政治理论课采取并运用多个学科知识，进行知识教育与价值教育相统一的课程。

第三，从课程划分的形式看，思想政治理论课是一种显性课程。中国特色社会主义理论体系是马克思主义与中国实际相结合的伟大成就，这些都需要通过显性、直接的课堂教学形式进行广泛的、普遍的传播、传授和指导。高校思想政治理论课具有明显的阶级性，这样一种显性的课程模式，可以很好地突出高校思想政治理论课在高校教育中的位置和地位。

第四，从课程的性质角度看，高校思想政治理论课所涉及的教学内容不仅具有理论学术性，同时更兼具实践性，它需要向学生传达社会主义的意识形态和核心价值观念，精心引导和栽培正处于"拔节孕穗期"的青年学生，真正发挥思想政治理论课提高大学生认识和改造客观世界能力的实践性。

第五，从教学过程看，高校思想政治理论课教学过程既包含对马克思主义理论与思想政治理论知识的灌输过程，还包含使统治阶级的思想成为占统治地位思想的过程。

二、高校思想政治理论课教学质量评价

教学质量的提高并不是一个自发的过程，而是一个自觉不断地加强建设的过程。这一过程的建构离不开质量评价。一般说来，所

---

① 陈金龙.新时代思想政治理论课建设的思维方法：学习习近平总书记在学校思政治理论课教师座谈会上的重要讲话[J].思想理论教育，2019(4).

谓教学质量评价，指的是利用教育评价的理论和技术对教学过程及其结果是否达到一定质量要求所做出的价值判断。它包含多种评价因素，既是理论问题，也是实践问题。《中共中央宣传部 教育部关于进一步加强和改进高等学校思想政治理论课的意见》（简称"05方案"）实施以来，教学质量评价作为思想政治理论课教学质量建设的重要环节日益受到重视，也取得了一定的理论研究成果，但教学质量评价研究仍然是思想政治理论课教育教学理论和实践领域比较薄弱的环节之一。深入开展思想政治理论课教学质量评价研究，不断提高教学质量评价的科学化水平成为当务之急。

思想政治理论课教学质量评价既具有教育评价的共性（教育包括家庭教育、学校教育、社会教育等多种形式，而教学通常指学校教育的基本形态——课堂教学。因此，教学是教育的一部分），同时又具有其独特的个性，即拥有不同于高校一般文化课程教学评价的特殊性。

（一）高校思想政治理论课教学评价具有鲜明的国家意识形态性

高等学校思想政治理论课是对大学生进行思想政治教育的主渠道，体现社会主义大学的本质要求。正是由于思想政治理论课体现社会主义性质和统治阶级的意识形态主导性要求，所以，思想政治理论课教学质量评价无论是教师的教学评价还是学生的学习评价的标准无不突出其鲜明的政治性、阶级性等主流意识形态的规定要求。

（二）高校思想政治理论课教学评价具有综合性

一般性课程的教学评价无外乎可划分为知识性为主的教学评价、技能型为主的教学评价或者两者兼而有之的教学评价，而思想政治理论课教学评价要复杂得多，这是由思想政治理论课教学的功能决定的。思想政治理论课不仅要向大学生传授马克思主义理论知识，更重要的是帮助他们提高思想道德素质，而思想道德素质涉及人的思想、道德、情感、态度、理想等非智力因素，相应的评价方法与形式与一般的课程相比较要复杂得多，评价方式也呈现出知识评价与价值评价、量化评价与质性评价、精确评价与模糊评价、形成性评价与总结性评价、内在评价与外在评价等综合运用的特征。

（三）高校思想政治理论课教学质量评价具有模糊性

思想政治理论课教学质量的高低与优劣体现于教师教学的实际效果即通过课堂教学让青年大学生内化教学内容，提高他们的思想道德素质，形成符合社会主义主流意识形态的世界观、人生观与价值观。教学质量评价既包括学生掌握马克思主义理论知识体系的程度以及运用理论解决现实问题的技能，又包括通过教学引起学生思想道德素质变化发展的程度。像其他课程教学评价一样，知识与技能可以通过考试、问答、考核等形式进行精确的量化评价；学生思想观念的变化，思想道德素质的提升很难采取精确量化的方式进行测评。尽管随着科学技术的发展，思想道德素质量化测评范围日益扩大，但理想、信念、情感等非智力因素的内隐性、思想政治素质影响因素的多元性以及思想政治理论课教学效果的延时滞后性决定了思想政治理论课教学质量评价必然是精确评价与模糊评价的统一。

通过对评价、教育评价、思想政治理论课教学评价本质的比较分析，我们可以界定：思想政治理论课教学质量评价是指评价主体通过系统地收集、整理、反馈教学信息，依据一定的评价标准对思想政治理论课教学满足大学生个体和社会发展需要的程度进行价值判断并实现价值增值的活动过程。

三、高校思想政治理论课教学质量评价体系

高校思想政治理论课教学质量评价体系就是高校和教育机构围绕高校思想政治理论课教学的目标和任务，逐级进行分解至具体的评价指标，是由许多个相互联系的指标所组成的统一整体。在高校思想政治理论课教学质量评价体系的构建问题上，有学者认为要紧密围绕教师教学指导思想、教学态度、教学内容、教学方法、教学效果以及教学评价这六个与教师和学生这两个教学主体的紧密联系

展开。也有学者将教师作为高校思想政治理论课教学评价的内容，将教师教学分解为教学态度、教学内容、教学方法与手段、教学效果四个维度。还有的学者进行了指标分级，并对评价结果设立优、良、中、差四个等级。

（一）高校思想政治理论课教学质量评价体系构建的功能

教学评价是通过设置一套科学的评价体系，旨在对高校教学情况形成比较全面、客观的认识。一般来说，高校思想政治理论课教学质量评价活动同样符合一般性的教学活动所固有的导向、鉴别与选择、反馈、咨询决策、强化、竞争等功能。但思想政治理论课教学是由思想政治教育学科性质决定的，而值此思想政治理论课改革发展的关键时期，高校思想政治理论课教学评价体系的构建旨在实现以下主要功能：

1. 引导与规范

评价体系的构建全面、客观、科学地反映了评价客体的本质和内在联系，是由对评价客体总体性认识转化为更深入的局部认识的过程，整个过程也很好地体现在各项指标的权重上，从而获得对思想政治理论课教学评价的一致认识，并最终构建出一套科学、合理的评价体系。从人类的具体实践活动看，评价活动是更接近实践活动的认识活动，具有明显的导向作用。具体到思想政治理论课教学实践中，我们可以看到，思想政治教育评价的核心主要是其价值的实现，这种价值的导向功能一方面体现为引导大学生树立正确的价值观，更好地促进和激励大学生成长和发展；另一方面这种在实践中的强烈导向作用，也成为课程教学改革的突破口。同时，有了系统的评价体系的运作，高校思想政治课教学活动自然就有了评价标准和改进方向。高校思想政治课教学的评价不是为评价而评价，它是以教学成果为准的、为获得更高教学质量而服务的一种工具，通过评价获得评价结果，再依据结果中出现的问题发现本质，从而进一步提高高校思想政治课教学的效果和质量。

2. 反馈与改进

"评价作为一种反馈—矫正系统，用于在教学过程中的每一步上判断该过程是否有效；如果无效，必须及时采取什么变革，以确保过程的有效性"①。在高校思想政治理论课的教学评价中，反馈与改进功能是通过对高校思想政治理论课教学效果进行诊断，从而掌握当前高校思想政治理论课教学的实际情况，并与预期教学目标进行对比，以更好地改进高校思想政治理论课教学实效性。这是高校思想政治理论课教学评价体系的基础功能。及时的信息反馈功能可以帮助教师掌握学生的学习情况和在学习中存在的问题，并进一步总结出自身教学的优势和劣势，从而改进和调整自身的教学策略和教学方式。高校思想政治理论课教学评价体系是一个由若干指标综合在一起组成的指标集合，各个细小指标的划分和考察都有助于实现教学目标。

3.激励与鞭策

任何一种评价都包含着对于评价对象本身价值的一种挖掘判断，这里的价值是一种多元的价值，这里的评价不仅体现为一种外部的督促和控制，更多的是一个组织或个人对某些行为的审视，这种不断的反省恰恰成为激励力量产生的源泉。有学者指出，教育评价是教育中的为教育而进行的评价，也就是说将人的发展作为教学评价的目的。

思想政治理论课的教学评价，是在尊重教师教学的创造性劳动价值的前提下开展的，可以有效地激发思想政治理论课教师教学积极性、主动性和创造性；思想政治理论课教学评价中对学生学习的评价，体现了"以人为本"的基本价值观，这种关注学生需要、为了学生的成长成才而进行的教学评价自然可以激发学生学习的积极性，从而促使学生进步。

（二）高校思想政治理论课教学质量评价体系的主要功能

高校思想政治理论课教学关系着学生的思想品德发展、马克思主义理论中国化的推进进程和我国社会主义伟大建设等最根本问题。针对高校思想政治理论课教学而构建的教学评价体系同样与时俱进，越来越多地转向对教学的过程性评价和学生的发展性评价。与其他相关学科的教学评价相比，高校思想政治理论课教学评价具有自身

---

① 布鲁姆，等.教育评价[M].邱渊等译.上海：华东师范大学出版社，1987：5.

的内在鲜明特点：

1.在价值选择上具有鲜明的政治性

政治性是高校思想政治教育本质属性的自然延伸，这种延伸自然体现在思想政治理论课教学中。习近平总书记在学校思想政治理论课教师座谈会上强调提出了思想政治理论课改革创新"八个相统一"和对思想政治理论课教师"六条标准"的殷切期望与具体要求。其中对思想政治理论课改革创新首要提出要坚持政治性和学理性相统一，要求以透彻的学理分析回应学生，以彻底的思想理论说服学生，用真理的强大力量引导学生，才能让学生真学真信、愿学爱学。"六条标准"首要要求的就是政治要强，强调让有信仰的人讲信仰，强调要善于从政治上看问题，强调要在大是大非面前保持政治清醒。思想政治理论课作为思想政治教育的主渠道，其主要目的就是帮助学生掌握马克思主义理论，引导学生正确运用马克思主义理论的相关内容解决我国社会主义建设中出现的实际问题。从这个角度讲，在高校思想政治理论课教学评价中意识形态问题则居于首位，需要与当前的社会主义核心价值观契合，要既能反映社会发展对大学生的要求，也与大学生的成长成才需求相契合。在教学评价的内容上，自然也要更加注重考察教师对马克思主义理论和社会主导思想政治的传播能力，以及学生对于马克思主义理论的应用能力和思想品德的发展状况。总之，在高校思想政治理论课教学评价过程中，一个贯穿始终的评价标准就是鲜明的政治性和坚定的思想性，就是始终坚持正确的政治方向，始终与党和国家的思想理论体系和路线方针政策的指向相一致。

2.在评价对象上具有一定的针对性

高校思想政治理论课教学评价在评价对象上具有一定的针对性。思想政治理论课教学评价主要目的就是评价马克思主义理论相关内容教育的实际效果，仅仅是对思想政治理论课教学活动这一单一因素对个体品德发展影响的评价，这就需要排除可能影响思想品德教学与效果的其他相关因素，唯有如此才能更加客观、真实地反映思想政治理论课教学对学生思想品德发展的价值、功能和作用；另一方面，教学评价对于思想政治理论课这门课的建设、改革与发展具有导向和推动作用，可以有效地增强课程的吸引力、感染力和实效性。因此，虽然教学评价的范围包含对教师、学生、课程、教材等的评价，但应该将教师的教学活动、学生的学习活动作为教学评价的核心内容。这是因为，所有思想政治理论课教学评价可能蕴含的评价对象都是由教师及其进行的教学活动、学生及其学习活动为中心环节相互连接起来的，整个教学过程简单地说，就是教师与学生之间的互动过程。因此，评价对象与所有教学环节息息相关，且需要具有一定针对性。

3.在评价目标上具有高度的复合性

高校思想政治理论课教学评价目标的复合性问题与高校思想政治理论课教学目标的多样性密不可分。而对于教学目标的问题，美国教育心理学家布鲁姆认为，教育教学的目标包括认知领域、情感领域和动作技能领域三个方面，如果按照这种划分方法，高校中的大部分课程通常主要涉及认知领域，少数包含其中的任意两个领域。然而，在这些高校课程里面，思想政治理论课却是极少数不但涉及心理认知领域，而且涉及情感领域和动作技能领域的交叉型课程体系。因此，这种教育目标的复杂性决定了思想政治理论课教学评价目标的复合性，它要求学生对思想政治理论课的学习不仅要有认知领域的理解、运用、分析、综合等，还要上升到情感领域的接受、反应、形成价值观念等，并最后要在动作技能领域予以外化、实践，真正实现知行统一。所以，高校思想政治理论课教学评价体系必须是知识、情感、技能、态度、政治观、人生观、世界观、价值观等内容复合在一起的综合评价，而具体的教学评价过程对教师教学的考察不仅体现在传道授业解惑能力上，更多的是要考查教师在和学生教学交流中与学生的情感交流与传递能力；对学生的考查不仅是学生对知识的理解、接受与运用，更要考查学生思维、情感、行动的变化。

第三章

核心素养视域下思想政治理论课教学质量评价体系的理论基础

马克思主义思想政治教育理论、马克思主义关于人的全面发展理论、习近平总书记关于青年学生思想政治教育内容的论述，以及泰勒的课程评价理论、教育目标分类评价理论、建构主义评价理论等，都为保证核心素养视域下思政课教学质量评价的正确方向奠定了理论基础。

第一节 马克思主义思想政治教育基本理论

马克思主义关于思想政治教育发展理论属于全员育人的思想理论基础。因此，探讨马克思主义理论关于思想政治教育本质的基本观念非常关键。马克思、恩格斯等经典作家虽没有直接提出"思想政治教育"这一概念，但是在长期的无产阶级革命实践中积累了丰富的思想政治教育认识和观点。他们对于思想政治教育"是什么""为什么""怎么办"都做出了相关的论述与分析。

一、马克思、恩格斯关于思想政治教育内容的论述

马克思本人虽然没有写过专门的思想政治教育的著作，但是他关于教育的思想和论述大量涉及思想政治教育相关内容，这些论述

是用唯物史观考察分析的结果，是马克思、恩格斯在无产阶级革命实践中提出的，也充分说明了无产阶级进行思想政治教育的重要性。

（一）强调科学的理论指导的重要性

马克思、恩格斯在领导工人运动的实践中充分意识到，工人只有组织起来并获得先进知识的引导，才能够发挥举足轻重的作用。马克思十分关注思想和精神的力量，他在《〈黑格尔法哲学批判〉导言》中提出"理论一经掌握群众，也会变成物质力量"。这一论断深刻体现了科学理论在斗争中的重要地位以及科学理论为群众掌握的重大意义。在马克思看来，理论作为"批判的武器"不能完全代替实践，但科学的理论在无产阶级革命中是必不可少的。这一论断为中国共产党人深刻理解思想政治教育的重要意义提供了理论支撑。理论要想变成"物质力量"，必须要为群众所掌握，把理论同人民群众相结合。而群众掌握理论最根本的方法就是进行思想政治教育。因此，无产阶级必须对人民群众进行思想政治教育，使他们能够为无产阶级革命而奋斗。

（二）强调加强党的宣传工作和政治教育的重要性

1847年，马克思、恩格斯受邀请加入共产主义者同盟。自此，共产主义者同盟由一个秘密性的团体变成一个宣传组织，负责向人民群众宣传革命思想。随后，恩格斯在《共产主义者同盟章程》中提出："共产主义同盟的目的是：以一切宣传和政治斗争的手段破坏旧社会——推翻资产阶级政权，建立无产阶级统治……"马克思、恩格斯高度重视思想政治工作，并强调每个成员都应肩负起宣传工作，也就是思想政治工作的任务。加强思想政治教育宣传工作不仅是调动人民革命热情的需要，也是传播无产阶级思想的需要，更是无产阶级统一思想的需要。因此，无产阶级必须教育人民。

（三）强调思想政治教育要为无产阶级及其革命运动服务

为了能够使人们自觉接受自己阶级的思想意识，统治阶级往往避讳思想政治教育的阶级性。而早在《〈黑格尔法哲学批判〉导言》中，马克思就表明思想政治教育的阶级属性。他指出："哲学把无产阶级当作自己的物质武器，同样，无产阶级也把哲学当作自己的精神武器；思想的闪电一旦彻底击中这块朴素的人民园地，德国人就会解放成为人。""哲学"就是指代表无产阶级利益的理论，为无产阶级提供理论指导。思想政治教育就是要使人民群众掌握先进理论，培养人民群众的阶级意识，从而能够开展革命实践，使无产阶级成为统治阶级。

二、列宁关于思想政治教育内容的论述

列宁继承了马克思、恩格斯的思想政治教育思想，并且在社会主义革命、建设实践中对思想政治教育问题进行了初步探索，他强调，必须在马克思主义的指导下进行思想政治教育，并根据革命的现实状况调整它的内容。

（一）思想政治教育的根本任务

列宁主张在全党开展思想政治教育，并提出了思想政治教育的根本任务。他指出，培养青年的全部事业就是培养青年共产主义道德的事业，青年团的任务就是要培养共产主义者。由此可见，列宁把思想政治教育放在优先的位置，并主张思想政治教育的根本任务就是培养为共产主义事业奋斗的人才。列宁高度重视思想政治教育工作，指出其是社会主义的主要任务，对社会主义建设具有不可磨灭的重要意义。

（二）思想政治教育的内容

在思想政治教育内容上，列宁指出，一是要对人民群众进行马克思主义教育。要使人民群众充分认识到坚持无产阶级专政和党的领导对于建设社会主义的重要作用。二是要进行共产主义教育。列宁在《青年团的任务》中首次提出了"共产主义道德"的概念，并具体阐述了共产主义道德的原则、规范以及社会作用。列宁认为，共产主义道德就是反对一切剥削和小私有制的道德。他指出共产主义教育主要包括爱国主义教育、以集体主义为原则的共产主义道德教育、国际主义教育等内容。三是要进行形势任务教育。要引导人

民群众正确认识革命的发展情况，正确认识国家的目标任务，激发人民群众的责任心和担当意识。

（三）思想政治教育要坚持灌输的原则

通过宣传党的方针、政策以获得人民群众的拥护和支持，是社会主义革命的重要任务之一。列宁从俄国工人运动中吸取经验教训，不断深化对宣传思想工作的认识，并在此基础上提出了灌输理论。列宁认为，工人的社会主义意识不是自发产生的，而是需要从外面灌输进去。他在《怎么办》一文中系统论述了灌输的理论，并且正式提出了"政治教育"的概念。列宁所提出的灌输等同于政治教育，就是党组织通过灌输向工人普及科学社会主义理论，使人民群众意识到自己所肩负的崇高使命。列宁高度重视青年学生的思想灌输教育，他强调要积极引导教师加入政治教育工作者的行列中。灌输理论是列宁关于思想政治教育理论的重要组成部分，为中国特色思想政治教育提供理论依据。

（四）思想政治教育的依靠力量

列宁强调，一是要依靠党的领导，只有坚持党的领导，才能确保思想政治工作沿着正确的方向前进，才能团结、组建专业的思想政治工作队伍，坚定广大人民的意志信念，克服思想陋习和传统偏见；二是要依靠教师队伍，教师是启迪人们思想的工作人员，要引导教师为思想政治教育服务，要培养出一支向党靠近、宣传党的思想、能够团结群众的教育队伍；三是依靠专门从事思想政治工作的人员，列宁认为要组建起一支专职工作队伍，这些"宣传员"要承担起引导几十万教师克服资产阶级偏见、吸收他们参与党的事业的重任。

第二节　马克思主义关于人的全面发展理论

早在青年时期，马克思就将个人的完美发展置身于人类社会的幸福中，他认为自由全面发展不仅是社会成员的职责所在，更是一种使命和任务。在对未来社会的设想中，马克思主张，我们将会建立这样的一个联合体，这个联合体的价值目标就是实现全人类的解放，实现每个人的自由发展。由此可见，马克思始终将促进人的自由全面发展作为毕生的价值追求。

一、马克思主义关于人的全面发展思想的提出与发展

马克思和恩格斯通过对资本主义整个生产过程和内在运行机制的分析，发现了剩余价值规律，揭示了资本剥削工人的秘密，在剩余劳动时间中发现了自由时间这一实现人的全面发展的条件和尺度，阐述了扬弃异化劳动所必然要求的消除分工和私有制，科学阐述人的全面发展的科学内涵以及途径条件，阐明了人类走向"每个人全面而自由发展"的共产主义社会的历史必然性，指明了人类社会前进的方向。

（一）人的全面发展是一个古老而常新的命题

马克思主义创始人关于人的全面发展思想并不是凭空产生的，也是利用了历史的思想材料、长期的分析传统而形成的。就西方社会来说，从古希腊到文艺复兴，从德国古典哲学到空想社会主义，不同时代都有对人的全面发展的论述，都有那个时代关于人的全面发展的思想。如，古希腊哲人主张要培育"身心和谐发展的人"。亚里士多德在《政治学》一书中，把人的全面发展看成是体格和智力、身心灵魂和躯体、理性和非理性的和谐发展。以康德、费希特、谢林、黑格尔和费尔巴哈为代表的德国古典哲学，以圣西门、傅立叶、欧文为代表的19世纪空想社会主义学说，是马克思主义哲学和科学社会主义的直接理论来源，对马克思关于人的全面发展思想的形成和发展影响巨大。

（二）实现每个人全面而自由的发展是马克思、恩格斯关于未来共产主义社会的理想目标

在1848年发表的《共产党宣言》中，马克思、恩格斯指出，"代替那存在着阶级和阶级对立的资产阶级旧社会的，将是这样一个联合体，在那里，每个人的自由发展是一切人的自由发展的条件"，这

是马克思和恩格斯所构想的理想社会。恩格斯在1894年1月9日致卡内帕的信中，应《新世纪》周刊关于用简短的字句来表述未来社会主义本质规定的请求，摘下了这句话作为答复，并且说，"除此以外，我再也找不出合适的了"。可见，在马克思、恩格斯看来，每个人的自由发展是未来共产主义社会的核心要义和理想目标。在上面的表述中，他们提出了"每个人"和"一切人"的概念，并且强调的是"每个人的自由发展"。个人是社会发展的重要尺度。马克思认为，人类历史活动的前提和基础是有生命的、现实的个人。个体发展是社会发展的动力、依归和目的。

（三）马克思、恩格斯关于人的全面发展思想成为稳定的、光辉灿烂的理论核心

在恩格斯《政治经济学批判大纲》（1844）、马克思《政治经济学批判（1857—1858年手稿）》，以及马克思《资本论》（1867）等一系列重要著作中，马克思、恩格斯通过现实社会历史发展规律研究为人类提出了整个社会历史的理想，为人类解放及每个人的全面发展指明了方向和道路。在被誉为"工人阶级的圣经"的《资本论》这一马克思主义最厚重、最丰富的著作中，马克思指出，未来共产主义社会是"自由人联合体"，是"一个更高级的、以每个人的全面而自由的发展为基本原则的社会形式"，是人类社会由"必然王国"向"自由王国"的飞跃。人的自由全面发展，就是马克思、恩格斯强调所要达到的理想。从这一简要的考察中可以看到，实现"每个人的全面而自由发展"，是马克思、恩格斯追求的最高理想和终极价值目标，是他们关于未来共产主义社会的理想目标、根本特征，是人类幸福的终极目标。"全面而自由发展"，自由发展更为本质。人的自由发展就是人的解放，这是马克思主义创始人追求的理想社会最重要的愿景。

二、马克思、恩格斯人的全面发展理论的主要内涵

人的全面发展理论是马克思主义理论体系的核心与精髓。人类社会的发展离不开现实的人，人是人类社会发展的终极目标和受益

者。马克思认为应该辩证地、全面地理解人的本质，这是科学认识人的基础。马克思认为，"人的全面发展"应该是符合人性与社会发展规律的发展，是个体全面自由的发展，是个体社会关系与平等交往的全面发展，也是符合个人需求与能力的全面协调发展。

（一）个人平等交往关系的建立

人是社会中的人，人的全面发展不能脱离社会关系的发展，人的发展只有与社会关系的发展全面结合起来，才能最终实现个人平等交往关系的发展。

交往是人在社会关系中实现全面发展的基本需要。人之所以是社会的人，就因为人是一切社会关系的总和。马克思指出："社会关系实际上决定着一个人能够发展到什么程度。"①在马克思看来，交往是人在社会关系中实现发展的基本途径，只有通过社会交往，人们才能交流思想、共享信息，才能获得实现全面发展的社会经验与知识。同时，人只有在社会交往中，才能获得心理、情感方面的满足，才能使人成为社会发展进程中的正常人。

马克思认为，仅仅从物质财富的角度看，人的交往可能是普遍的，但全面的交往关系需要多层次、丰富的社会联系，从而在物质交往的基础上产生了政治法律、道德艺术、宗教文化等社会交往，使人交往的社会关系更加丰富多彩。人要实现全面自由的发展，必须依托社会的全面交往关系的确立与完善，人全面发展的程度与社会关系的丰富性是相关联的，人交往关系的全面性与丰富性是实现人全面发展的基础。人的全面发展如果离开社会，处于自我封闭的状态，人的主体性与社会性将无法确立，更谈不上实现人自身的全面自由发展。

（二）个人需求的多方面实现

个人需求的多方面实现是衡量人全面发展程度的重要标志。社会是丰富多彩的，必然决定了人需求的多方面性，人类社会发展的进程就是个人需求多方面实现的历史进程。个人需求是由个人的世

---

① 马克思恩格斯全集：3卷[M]. 北京：人民出版社，1960：295.

界观与价值观所决定的，不同的人具有不同的世界观和价值观，这就决定了不同的人具有不同的需求结构。马克思认为，随着社会生产力的发展，特别是社会生产力相对发达的社会历史时期，由于物质财富、精神产品的极为丰富，人们不仅仅满足于基本的物质生活需要，而必然对文化、艺术、自我实现等发展需要提出更高的要求。在社会生产力相对发达的今天，我们理解马克思关于"人的需要的丰富性""人的主体力量的显现和人的存在的新的充实"的论断，一方面是指在现代社会生产力发展的基础上，人的主体性力量与人的自由个性的全面提升，社会生产力的发展程度能够不断提升个体自身发展的主体性与需求性，从而使人的需求更加丰富。另一方面是说，人具有多方面的需求，社会生产力的发展不仅能够满足人的多方面需求，还能够促使人的需求的提升与发展。

人的需求的多方面发展可以从三个方面来阐释：一是人的需要的多样性。马克思认为，社会关系的复杂性决定了个体需要的复杂性，人的需要是多维度的、丰富多彩的。人的需要的多样性与丰富性可以从两个层次来划分，即对象层次和主体层次。从对象层次来看，可以把人的需要划分为社会性需要和自然性需要。从主体层次来划分，人的需要可以归纳为群体需要与个体需要。二是人的需要的多层次性。人是社会中的人，人类社会是不断向前发展的，作为社会中的人必然随着时代的进步而不断提出新的需要，提出各种多层次的需要。根据人自身发展对需要层次的分析，恩格斯把人的需要划分为生存的需要、享受的需要和发展的需要。人实现自身全面发展与追求需要的过程是辩证统一的，统一在人类社会发展的历史轨迹中。人的需要层次的丰富性实质上是社会关系复杂性的综合表现，也是人实现全面和谐发展复杂性的综合体现。三是人的需要的发展性。人自身的需要不断被满足的过程就是人的全面发展不断得到实现的过程。人的需要是随着时代的发展而不断进步的，社会生产力发展的无限性，也必然决定了人的需要发展的无限性，人的需要是一个永无尽头的发展过程。

（三）个人能力的全面发展

个人能力的全面发展是人的全面发展的重要内容，人的全面发展主要体现在个人能力的全面发展。只有实现个人能力的全面发展，人才能够在社会发展中不断发挥自己的聪明才智，为社会创造更多的财富；才能够推动社会的发展与进步，并在发挥个人能力的过程中，不断实现自身的全面发展。马克思曾经说过："任何人都有权利来按照自己的意愿发展自己的一切的能力。"人的能力的全面发展就是个人体力与智力，或者是自身存在的本质力量的综合运用和发展的过程。

马克思针对资本主义生产关系对个人发展造成的片面与畸形影响，把人的能力归纳为人的本质力量在社会关系中的体现与展示。人的能力的全面发展是实现人全面发展的核心，人的全面发展实质上就是人的能力的全面发展；没有实现人的能力的全面发展，根本谈不上实现人的全面发展。同时，人的能力的全面发展是立足于社会发展的全面发展，不能脱离社会生产力发展的实际来理解马克思关于人的全面发展理论，或者简单地把人的全面发展理解为人为了实现生存而适应社会的瞬息万变的社会活动。

（四）人的个性的全面发展

所谓人的个性，是指"人们在逐渐的社会生活和实践中所产生的一种区别于他人的独特的心理与行为特征，是个人的私有财产"。马克思人的全面发展理论认为个人的全面发展是实现人全面发展的重要内容，实现个体个性的多方面发展是人全面发展的最高程度，也是人全面发展的终极目标与最高要求。人的个性的全面发展主要体现在两个方面：一方面是个人主体性水平在社会关系中的全面提升。主体性水平就是指个人的自觉能动性、创造性和自主性在参与社会交往过程中的全面提升水平。其中，主体能动性是指人自身认识自然和改造自然的特性；创造性是个体主体能动性的最高表现，也是人全面发展水平与发展程度的最高体现，是指主体对现实的超越和突破；而自主性是主体性全面发展水平的最高表征，是人对自身全面发展的自我体现与自我控制，并制约着主体能动性和创造性水平发挥的程度。正是基于自主性的这种特殊内涵，马克思把主体性活动与自主活动理解为同一含义，等同于人的个性，把人的个性称之为自由个性。另一方面，个人全面发展的程度主要体现为个人独特性的全面发展上。社会是由个人组成的，个人是社会的基本细胞，每个人都是唯一的、个别的、无法替代的。社会的丰富性正是由于个人的丰富性，个人的独特性发展是社会丰富性的最终根源。个人全面自由的发展必然体现为个人的独特性的全面发展，个人全面发展的程度就体现在个人独特性的发展上，即每个人能够区别于他人的独特性的充分展现与突出，这种模式的发展必然导致个性模式单一、定性化发展的消失，从而使每个人都得以保持能够区别于他人的独特理想与人格，社会将会更加丰富多彩。

总之，个人平等交往关系的建立、个人需求的多方面实现、各种能力的全面提高、个性特征的全面发展，共同构建和组成了马克思人的全面发展理论。

第三节　习近平总书记关于青年学生思想政治教育内容的论述

加强青年思想政治教育是我们党的根本要求。中国共产党自诞生以来，始终把青年作为党和人民事业发展的生力军，党的队伍中始终活跃着怀抱崇高理想、充满奋斗精神的青年，这是我们党历经百年风雨而始终充满生机活力的一个重要原因。党的十八大以来，习近平总书记站在"两个一百年"的历史交汇点，面对复杂的世情、国情、党情，对新时代青年思想政治教育的内容进行了新的提炼和发展。这些内容也成为新时代推进思政课程与课程思政协同育人建设的科学指导思想。

一、理想信念教育

理想信念作为人类特有的精神现象其实是由理想和信念合二为一组成的综合性概念。理想指向将来，是人们基于客观现实对未来需要达到目标的一种想象，需要通过坚韧不拔的奋斗才能实现，它指引着人生方向；信念面向现实，是人们基于认知能力形成的内心对某种事物或思想所秉持的观念和身体力行、坚定不移的态度，它决定着事业的成败。理想信念构成人类信仰的两个基本方面，二者相互依存、如影随形，没有科学崇高的理想也就无从谈起坚定的信念，缺乏坚定信念支撑的理想也必然是空想，坚定的信念是驶向远大理想的唯一路途。

"青年理想远大、信念坚定，是一个国家、一个民族无坚不摧的前进动力。"习近平总书记高度重视青年理想信念教育，并多次围绕理想信念发表重要讲话，形成了观点鲜明、内涵丰富的新时代青年理想信念教育观。

第一，理论支撑：马克思主义信仰。只有保持思想理论的清醒，才能坚定信仰方向、站稳政治立场。习近平总书记强调，"马克思主义是中国共产党人理想信念的灵魂"[①]。中国共产党人正是凭着科学的马克思主义理论武器和强大的马克思主义精神信仰，才取得了今天的辉煌成就。习近平总书记对马克思主义学科发展投注了深切关怀，对青年马克思主义信仰教育倾注了极大心血，要求青年的全面发展必须坚持马克思主义的指导，离开了马克思主义的指导，青年的茁壮成长也就无从谈起。

第二，价值导向：共产主义远大理想和中国特色社会主义共同理想。共产主义旨在实现人类解放和幸福，它的科学性越来越被发展着的社会实践所证明，并焕发出无限的生命力。毋庸置疑，共产主义远大理想是一种遵循人类社会发展规律的严谨科学的理想，是当代青年必须树立的崇高理想。习近平总书记要求要把理想信念教育作为思想建设的战略任务，把共产主义远大理想内化于心、外化于行是党对新时代青年的殷切期望。

第三，时代使命：中华民族伟大复兴的中国梦。习近平总书记强调，中国梦其实质是人民的梦，必须紧紧依靠人民来实现。生活于新时代的青年群体将全程参与中国圆梦之征途，应当也必然是复兴之梦的生力军和中坚力量。中国梦作为新时代青年理想信念教育的新内容，它要求青年要把国家富强、民族振兴、人民幸福作为自己必须坚守的理想信念，把个体"小我"融入国家民族的"大我"，

---

① 纪念马克思诞辰200周年大会在京举行[J].党史文苑，2018(6).

把个人利益、个人理想统一于国家利益、人民理想。习近平总书记明确要求，青年一代应该牢固树立中国梦复兴理想，坚定中国特色社会主义人生信念，毫无疑问，中国梦的实现离不开中国青年的接力奋斗。

二、爱国主义教育

党的十八大以来，习近平总书记高度重视发挥爱国主义在新时代青年群体中的凝聚力、向心力和战斗力作用，创造性转化、创新性发展了马克思主义爱国思想和中华优秀传统文化，对新时代青年爱国主义教育的核心内容从主题、本质、根基、世界情怀等几个方面做了系统、全面的论述。

第一，鲜明主题：实现中华民族伟大复兴。习近平总书记指出："实现中华民族伟大复兴的中国梦，是当代中国爱国主义的鲜明主题。"①习近平总书记将实现中华民族伟大复兴作为新时代青年爱国主义教育的主题，不仅为实现梦想找到了最稳定持久的动力，同时也依托伟大复兴全过程使青年爱国主义教育有了明确的目标导向，找到了其在新时代的价值合理性，获得新的生机与活力。以史明鉴，唯有对新时代青年进行爱国主义教育，方能凝聚起全体中华青年同心共筑中国梦的强大内生力量。

第二，本质特征：爱国与爱党爱社会主义相统一。习近平总书记指出："祖国的命运和党的命运、社会主义的命运是密不可分的。只有坚持爱国和爱党、爱社会主义相统一，爱国主义才是鲜活的、真实的，这是当代中国爱国主义精神最重要的体现。"②当全球疫情形势严峻之时，中国以最短的时间、最快的速度、最小的代价控制住病毒进攻的脚步，这与我们党的坚强领导和社会主义制度的巨大优势密不可分。实践证明，祖国的命运、党的命运、社会主义的命运休戚与共。爱国、爱党、爱社会主义的高度统一是被历史和时代证明的新时代爱国主义精神的本质特征，同时也是新时代青年爱国

---

①② 习近平在中共中央政治局第二十九次集体学习时强调：大力弘扬爱国主义精神　为实现中国梦提供精神支柱[N].人民日报，2015-12-31(1).

主义教育的核心要义。

第三，世界情怀：构建人类命运共同体。习近平总书记指出，中国的命运与世界的命运休戚与共，新时代"弘扬爱国主义精神，必须坚持立足民族又面向世界"。新时代青年爱国主义教育必须与国际主义教育相统一，体现世界情怀，反对狭隘的民族主义。人类命运共同体理念向世界传递了中国兼容并蓄、交流互鉴、协和万邦的文明发展观，实现了中华优秀传统文化与重建国际新秩序的完美对接，回应了"人类社会向何处去"的时代之问，体现了新时代爱国主义精神的世界情怀，同时也是青年爱国主义教育的重要内容。

三、文化自信教育

在十八届中央政治局集体学习时，习近平总书记明确指出，"用中华民族创造的一切精神财富来以文化人、以文育人"[①]，他高屋建瓴地要求在思想政治教育体系中涵盖文化自信教育内容。

第一，自信之根：中华优秀传统文化。党的十八大以来，以习近平同志为核心的党中央深化了对中华优秀传统文化的认知层面，从更高站位审视传统文化的深刻内涵，同时号召通过文化创新使其在治国理政实践中得到广泛应用，为提高文化自信打下了坚实的实践基础，也为中国梦的实现提供了巨大的文化引擎。习近平总书记高度重视对青年进行优秀传统文化教育和核心价值观培养，要求用优秀传统文化的感染力、穿透力增强青年核心价值观教育的渗透力、影响力。

第二，自信之魂：革命文化。革命文化是中国共产党在带领人民开展革命斗争实践的过程中创造的宝贵文化。新时代，继承和弘扬革命先辈用血与汗凝聚的革命文化，有助于汇聚全民力量建设社会主义。加强对青年的革命文化教育，有助于和平年代的青年更全面深刻地了解中国特色社会主义道路的来之不易，更坚定中国特色

---

① 习近平.把培育和弘扬社会主义核心价值观作为凝魂聚气强基固本的基础工程[N].人民日报，2014-02-26(1).

社会主义信念和中华民族伟大复兴的信心,以革命精神和文化自信托举起中国梦。

第三,自信之基:社会主义先进文化。社会主义先进文化是马克思主义与中华优秀文化融合创新发展的结果,它脱胎于新民主主义文化,并在社会主义实践中逐渐优化,又融入了其他国家的优秀文化成果,并将现代民主科学精神引入其中,旨在培养"四有"公民,它在与时代同步、与世界接轨、与未来对话的进程中展现了民族气质、科学精神、人民情怀。社会主义先进文化摄取了中华文化中的积极因素和优秀成分,是文化传承、发展、创新的成果,也是文化自信的鲜明表现。

新时代,必须加强青年群体对社会主义先进文化的有效认知和深刻理解,通过社会主义先进文化自信使青年一代真正做到道路、理论、制度等方面的自信,从而增强他们对中国特色社会主义的信念和信心。此外,社会主义先进文化教育有助于弘扬民族精神、凝聚青年力量。

四、责任担当教育

第一,首要责任:实现中华民族伟大复兴。剖析中国近现代史,党和国家的事业凝聚着一代又一代青年的奉献与担当。习近平总书记语重心长地指出:"时代呼唤担当,民族振兴是青年的责任。"[1]习近平总书记要求青年要有勇担时代赋予的神圣使命的家国情怀,为中国梦不懈奋斗。

第二,重要责任:推动构建人类命运共同体。党的十八大以来,中国特色社会主义稳步推进,中国的综合国力和国际竞争力有了大幅度提升,然而发展起来的我们并没有一枝独绽,而是积极参与国际事务和国际合作。随着经济全球化的发展,世界俨然成为一个命运与共的共同体,党中央高瞻远瞩地提出了"一带一路"倡议和人类命运共同体理念,奉行开放、包容、绿色、创新的发展理念,要求广大青年做人民友谊的生力军、中国声音的传播者、中国方案的

---

[1] 习近平.在纪念五四运动100周年大会上的讲话[N].人民日报,2019-05-01(2).

践行者，以切实行动推动构建人类命运共同体。习近平总书记指出："展望未来，我国青年一代必将大有可为，也必将大有作为。这是'长江后浪推前浪'的历史规律，也是'一代更比一代强'的青春责任。"①

五、立德教育

"德者，本也。"党的十八大以来，习近平总书记高度重视青年立德修身教育，在多个场合向青年一再阐述了道德之于个人成长成才和国家事业发展的基础性和战略性作用。习近平总书记于2014年五四青年节之际，在北京大学向全国青年发出了深切忠告，他指出，道德对于个人和社会具有基础性意义，崇德修身是做人做事的第一要求，成才必先立德，"一个人只有明大德、守公德、严私德，其才方能用得其所"。在2018年与北大师生座谈时，习近平总书记再次重申道德之于成才的重要性："德者，才之帅也。""人无德不立，育人的根本在于立德。这是人才培养的辩证法。"②

党的十八大以来，改革开放进入深水区和攻坚期，社会各方面面临着诸多道德和价值观念问题，强化青年的立德修身教育，特别是社会主义核心价值观教育，是新时代青年思想政治教育的基础工作。习近平总书记指出："一个民族的文明素养在很大程度上体现在青年一代的道德水准和精神风貌"，未来社会的价值取向取决于青年一代的价值定位，因而必须抓好、握牢青年价值观养成的关键时期。青年是引风气之先的社会力量，青年的道德情操、思想意识、价值取向就像穿衣服扣扣子，第一粒扣子扣得正确与否决定了其他扣子能否扣正确，因而青年必须树立正确的道德观和价值观。

习近平总书记要求要立足中华传统美德，坚持对传统道德理念和道德规范进行推陈出新、去粗取精，促进社会主义道德建设，深

---

① 习近平.在同各界优秀青年代表座谈时的讲话[N].人民日报，2013-05-05(2).

② 习近平.在北京大学师生座谈会上的讲话[N].人民日报，2018-05-03(2).

入实施公民道德建设工程，在青年中培育和弘扬爱国主义、集体主义精神，引导和教育青年在公共生活领域积极践行社会公德，在职业生涯中认真履行职业道德，同时在家庭私人领域注重家庭美德和个人品德的提升。另外，要用新时代的核心价值观春风化雨般熏陶青年，在循循善诱中使之深刻领悟社会主义核心价值观之国家、社会、个人层面的具体要求及积极价值，并落实于具体的个人社会实践活动中。

六、奋斗教育

奋斗是青春最鲜亮的底色，拼搏是青春最鲜活的标识。青年习近平在自己的工作岗位上兢兢业业，敢于吃苦、乐于吃苦，与人民群众齐努力共奋斗，在磨炼与考验中不断成长，在吃苦与奋斗中不断收获，他以切身奋斗实践为青年同志上了一堂活生生的艰苦奋斗的大课，为培育青年同志的艰苦奋斗作风做了表率。习近平总书记指出："人类的美好梦想，都不可能唾手可得，都离不开筚路蓝缕、手胼足胝的艰苦奋斗。"在北京大学建校120周年之际，他号召广大青年要立鸿鹄志，做奋斗者。改革开放40多年来，我们靠着艰苦奋斗闯出了一条中国特色社会主义道路，实现了跨越式发展，但同时我们也面临着诸多领域的难题大题，供给侧结构性改革、脱贫攻坚等一系列难题大题萦绕着我们，广大青年务必矢志艰苦奋斗，以蓬勃青春力量、灵动青春智慧、自信青春担当汇聚起艰苦奋斗的中国梦之帆，做到困难在哪里，青春就战斗在哪里；党和国家的需要在哪里，青春就拼搏在哪里；人民群众的美好生活需要在哪里，青春就奋斗在哪里。

奋斗是艰辛的、长期的，需要我们有经历"寒彻骨"的勇气与毅力，世之奇伟、非常之观需要有披荆斩棘的奋斗姿态和攻坚克难的奋斗勇气，同时奋斗本身也是丈量幸福的标尺。2018年五四青年节，习近平总书记在与北大师生座谈时指出："广大青年既是追梦者，也是圆梦人。追梦需要激情和理想，圆梦需要奋斗和奉献。"实现中华民族伟大复兴，青年奋斗正当时！

第四节 其他相关理论

一、泰勒的课程评价理论

泰勒在他的《课程与教学的基本原理》一书中提出了著名的课程编制模式：确定教学目标—选择学习经验—组织学习经验—评价，教育目标是开展评价的出发点和依据，评价是测定教育目标是否达成的手段。[①]在其课程编制模式基础上，泰勒提出了目标导向的课程评价模式。该模式的评价程序如下：

第一步是确立教育目标，评价的目的是为了检验教育目标的达成效果，所以确立科学的教育目标是开展课程评价的标准。第二步是创设评价的情境，"只有当学生处于真实的评价情境，才有可能表现出评价所指向的行为"，所以只有依赖评价情境，才能得到学生行为发生和改变的证据。第三步是选择和编制评价工具，只有借助一定的评价工具，才能在评价情境中获取所需要的学生行为表现证据，泰勒认为无论制定何种评价工具，都必须要能够引导学生表现出教育目标所期望发生的行为表现。第四步是分析利用评价结果，对前三步所取得的关于学生行为表现的证据加以分析，检验目标是否达成，指出课程的各种优缺点并加以改进。泰勒的课程评价模式结构紧凑、逻辑严密，对大学思政课教育质量评价体系的构建有着很强的指导意义，但我们也需要克服该评价模式中过分注重行为目标的缺陷。正如泰勒的目标导向评价模式，大学思政课教学质量评价也需要制定科学的评价体系引领评价的全过程。在探讨核心素养视域下大学思政课教学质量评价时，应当将核心素养进一步解构，建立合理的学习评价体系。在评价体系确立之后，就需要结合具体的教学目标制定具体评价的内容，构建起体系完备的评价量表，使得思政课学习评价有可供操作的评价工具。然后就可以根据教学目标和评价内容设立问题情境或者任务，对学生的关键表现进行测量，并进一步对其学习效果进行评价，最后再利用评价反馈改进教师的教

---

① 施良方.泰勒的《课程与教学的基本原理》——兼述美国课程理论的兴起与发展[J].华东师范大学学报（教育科学版），1992(04)：1-24.

和学生的学。如此一来，核心素养视域下高校思政课教学质量评价的模式也如同泰勒的课程评价模式一般，拥有一套逻辑严密的评价程序。

二、教育目标分类评价理论

布鲁姆教育目标分类包含三个领域：认知领域、情感领域和动作技能领域。情感领域包含五个层次：接受、反应、价值作用、组织化、个性化，动作领域包含三个方面：基础动作、规定动作、制作动作。布鲁姆教育分类体系中最为著名也是影响最大的是他对于认知领域的分类，具体分为六大类：识记、领会、应用、分析、综合、评价[①]。

在布鲁姆教育目标分类学提出之前，教育领域对于教育目标的描述都比较笼统与模糊，而布鲁姆教育目标分类理论实现了对教育目标具体、准确和科学的表述，也使得教学评价有了明确、具体的可依靠标准，使评价得以科学化、标准化和系统化，避免了评价的盲目性和随意性。布鲁姆教育目标分类虽然风靡一时，但也饱受批判，有学者认为布鲁姆对于认知过程的分解过于简单，只有一个维度，在实际的教学和评价过程中也难以将这六级水平落实到每个学科和不同年级。

针对这些缺点，布鲁姆的学生安德森对其目标分类体系做出了修改，将一维的分类变为二维，即知识维度和认知过程维度。知识维度包括：事实性知识、程序性知识、概念性知识、元认知知识；认知过程维度又包括：记忆、理解、应用、分析、评价、创造，每一项分类之下又包含若干个子项目，对知识和认知过程做了详细的分类，且认知过程维度允许重叠。安德森主张将其二维分类组建成一个表格，知识目标确定教学内容，认知过程目标确定学生将要达到的认知水平，从而构建教学目标和评价目标，使得教学目标的制定、具体教学的开展和教学效果的评价保持一致性。

---

① 吴树芳，朱杰，王梓懿.浅析布鲁姆教育目标分类体系[J].教育现代化，2018，5(46)：22-23.

三、建构主义评价理论

建构主义又称结构主义，是认知理论的一个分支，是学习理论中行为主义发展到认知主义以后的延伸。它最早由瑞士著名心理学家皮亚杰于20世纪60年代提出，后来又经过维果茨基、布鲁纳、奥苏贝尔等心理学家和教育学家的补充、完善，形成了比较完整的理论，成为90年代后影响教学改革重要的理论基础。

建构主义学习理论起源于皮亚杰对西方哲学中的传统认识论的批判，强调学生是知识的积极建构者、是主动学习者，而非知识的被动接受者，由于学生存在着主体差异性，学生的建构方式也是不同的。因此在评价中要注意从多角度对学生进行评价，关注到学生的个体差异性，建立起多维度和多角度的评价体系，使得评价过程和结果更为客观和科学。

建构主义关注学生的学习结果，但更重视其知识建构的过程，关注学生在知识建构过程中的内在特征。基于此，建构主义学派提出了多种评价理念：其一，以情境和任务为基础的评价。建构主义强调评价学生的内在特征和潜能，但这往往难以测量和评价，因此需要将评价置于真实的情境和任务基础之上，以观察学生运用所学知识分析问题和解决问题的多种表现，并加以评价。其评价内容的重点在于学生在任务中对于知识经验的应用过程，评价的标准也应当根据真实的情境和任务而灵活制定。其二，目标游离评价。对传统的泰勒目标导向评价模式加以批判，不再提前设定好评价目标，突破目标的限定。由于个体建构知识的过程是千差万别的，所以学习目标应当是自由的，应当关注学习者在学习过程中学到了什么，学习目标是跟随学习者在知识建构过程中不断发展和动态变化着的，倡导生成性评价。其三，以经验建构为标准的评价。学生是知识的主动建构者，对学生的评价也要关注其经验建构的过程，如知识的发现、分析、整合过程，以及知识建构过程中的表现等等。在建构主义评价理论的指导下，高中思想政治课堂学习评价应当将学生的素养作为评价的核心，关注学生的知识建构过程，尊重其主体差异性，强调发展性和形成性评价，注重在情境和任务中对学生的行为表现进行多角度、多方式的评价。

四、多元智能评价理论

多元智能理论是由霍华德·加德纳教授所提出的,他认为人的智能是多样的,所以教学评价的方法和标准也应当多样化,同时评价方式也应当因人而异。就我国所提出的学生发展核心素养体系和陆续提出的各个学科核心素养而言,核心素养和学科核心素养就是学生应当具有的复杂能力和品格,对其评价应当采取多元化的评价方法和主体。所以多元智能理论可以有效指导学科核心素养背景下的大学思政课教学质量评价的开展。

加德纳提出人类至少存在八种智能,分别是:语言智能、逻辑—数理智能、空间智能、音乐智能、肢体动觉智能、内省智能、社交智能、自然观察智能。这其中的每一种智能都代表着一种独特的思考模式,但这些智能之间不是分割的,而是相互依赖和补充。每一个学生都有其特殊性,不同的学生有着自己擅长和不擅长的智能方面,如果仅凭单一的标准去给学生的发展下定结论,会抹杀学生潜在的优势智能,对学生的发展起反作用。

依据加德纳的多元智能评价理论,单一的纸笔测验难以测量出学生复杂的多元智能,故而评价应当内容多元化和方式多样化,以多种评价方式促进学生多种能力的发展。同时学生的智能是有差异的,不仅智能优势不同,而且智能发展的阶段也呈现特殊性,这就要求在评价教学质量时,关注学生的差异性,对不同特征的个体灵活运用评价方式;也需要注重发展性评价,多角度地对学生的表现进行证据收集。

第四章

核心素养视域下思想政治理论课教学质量评价体系的主要内容

在核心素养视域下，新时代推进高校思想政治理论课教学质量评价的创新发展，必须充分回答和把握高校思想政治理论课教学质量评价的主要内容。对评价内容的确定，既要遵循思想政治教育的规律，也要遵循高校思想政治教育质量生成的规律，并在二者的统一中实现核心素养视域下对高校思想政治理论课教学质量评价内容的系统把握。核心素养视域下新时代高校思想政治理论课教学质量评价，必须深入开展高校思想政治理论课教育对象接受质量评价、高校思想政治理论课教育过程质量评价、高校思想政治理论课教育结果质量评价、高校思想政治理论课教育队伍质量评价。

第一节 高校思想政治理论课教育对象接受质量评价

高校思想政治理论课教育接受是指发生在高校思想政治教育领域内，接受者出于自身需要，在环境作用影响下通过某些中介对接受对象进行反应、选择、整合、内化、外化等多环节构成的、连接的、完整的活动过程，通过有效的接受，从而使社会和社会群体的一定的思想观念、政治观点、道德规范要求，被内化为接受者思想品德并外化为品德行为的一种教育活动过程。新时代推进高校思想政治教育工作质量评价，要把高校思想政治教育对象接受质量评价作为思想政治教育工作质量评价的重要内容。核心素养视域下对高校思想政治教育对象的学习和接受质量的评价可以从很多方面来进行，其重点是对教育对象的理论学习情况和平时的思想道德状况及其运用马克思主义立场、观点分析和解决实际问题的能力等方面做出考察和评价。

一、高校思想政治理论课教育对象接受效果评价的功能

所谓功能，指的是一个系统改变或影响其他系统，并且承受或抵抗其他系统的影响和作用的功效和能力。高校思想政治教育理论课接受效果评价的功能应该是高校思想政治教育接受效果评价本质的外在表现，是高校思想政治教育接受效果评价的一种属性。高校思想政治教育接受效果评价的功能主要应包括以下几个方面：

（一）导向功能

高校思想政治教育对象接受效果评价最核心的功能是导向功能。高校思想政治教育有很强的政治性、阶级性。社会主义现代化建设需要的人才，不仅要有良好的专业知识，而且应具有坚定的无产阶级政治信仰和思想品德修养。高校肩负着培养社会主义建设者和接班人的重要任务。高校思想政治教育质量的好坏直接影响到培养对象素质的高低，关系到社会主义现代化建设成功与否。科学的高校思想政治教育接受效果评价，能全面考核高校对学生的认识能力、思想道德水平、实践技能的培养是否达到高校教育的要求，促使高校思想政治教育者和受教育者即施教者和受教者注重提高思想道德水准。

（二）判断功能

从高校思想政治教育对象接受效果评价性质来看，价值判断是其最本质的特征，因此，判断功能是思想政治教育接受效果评价最基本的功能之一。高校思想政治教育接受效果评价不但要对高校思

想政治教育接受活动对于高校学生和社会发展的价值有无及其大小做出判断，而且还要对不断发展着的思想政治教育接受活动与高校学生和社会需要的满足关系进行评价。因为高校思想政治教育接受者是高校学生，他们是不断发展变化的，高校思想政治教育接受活动要不断满足高校学生和社会发展的需要，自然要不断改革发展。要不断改革高校思想政治教育接受效果评价，通过思想政治教育接受效果评价，明确究竟怎样改革高校思想政治教育接受活动，才能最大限度地满足高校学生和社会发展的需要，因此要充分发挥高校思想政治教育接受效果评价的导向功能。

（三）调节功能

高校思想政治教育对象接受效果评价工作用来确定高校思想政治教育现实目标的实现程度。确定高校思想政治教育接受活动是否达到了预期目标；提出的教育目标是否符合实际，实现的可能性大小如何；如果目标已经达到，是否还有更高目标发展的潜力；如果原先制定的高校思想政治教育目标实现的可能性极小，甚至根本不可能实现，则需要对现行的目标重新考虑并做相应调整。通过对高校思想政治教育接受效果的评价，对高校思想政治教育目标的实现程度有一个明确的、清晰的估量，及时对高校思想政治教育接受目标做出适当的调节，才能促进高校思想政治教育接受活动的优化。

（四）反馈功能

通过对高校思想政治教育对象接受效果的全面检测、分析和评估，能够对高校思想政治理论课教育对象接受活动存在的问题做出判断。高校思想政治理论课教育对象接受评价就是对高校思想政治教育接受活动对于人和社会发展的价值有无及其大小做出判断。只有通过高校思想政治教育接受效果评价才能做出判断。通过高校思想政治理论课教育对象接受效果评价判断高校思想政治教育接受活动是否达到高校思想政治教育目标要求，哪些方面效果好，哪些方面存在不足和问题，哪些方面要努力改进等，从而诊断问题的症结所在，及时给予纠正和改进，使高校思想政治教育接受活动的优化更具有针对性、有效性。

（五）激励功能

高校思想政治教育对象接受效果评价的激励功能表现在激发高校思想政治教育接受者的积极性、主动性，是实现素质教育的重要途径。《中共中央国务院关于深化教育改革全面推进素质教育的决定》指出："学校教育不仅要抓好智育，更要重视德育。"可以说德育是素质教育的灵魂，在素质教育中发挥着导向、动力和保证的作用，德育是否到位也是实施素质教育的重要标志。从某种意义上说，素质教育观念的形成与发展，是人们在长期的德育实践和探索中的一种感悟和突破，是对全面发展教育观念的继承和发展。思想政治素质是最重要的素质。高校学生的思想政治素质不仅直接决定和影响着高校学生当前乃至一生的发展轨迹，即发展的方向是正确还是偏向，发展的动力是强大还是弱小，而且也直接影响高校学生核心素养的形成和发挥的程度与方式。简单地说，提倡核心素养教育，要使学生学会做人、学会求知、学会做事、学会劳动、学会生活，为把他们培养成有理想、有道德、有文化、有纪律的社会主义公民奠定良好的基础。高校思想政治教育是对高校学生进行素质教育的主渠道，高校思想政治教育接受效果评价是提高思想政治教育实效性的有效手段。高校思想政治教育接受评价是高校施教者的指挥棒，具有导向功能，是评价的重点，也是施教者教育的重点。科学的思想政治教育接受效果评价能增加思想政治教育评价体系中对情感、动作技能的评价指标，能促使接受者向着认知、情感、技能全面发展的方向努力。使接受者切身体会到思想政治教育对他们的价值，从而激发起学习的主动性，为实现素质教育创造主客观条件。

二、高校思想政治理论课教育对象接受质量评价的意义

对高校思想政治理论课教育对象接受质量的评价本身具有重要意义，既有助于对受教育者形成导向和约束作用，也有助于为教育工作者和相关部门提供教育反馈，以便其及时调整教育策略。归结起来，其重要性或重要意义具体表现在以下几个方面。

首先，受教育者是教育质量的最终体现者，因而做好思想政治教育对象接受质量评价工作是整个思想政治教育工作质量评价工作的重中之重。思想政治教育对象接受质量评价在整个思想政治教育工作质量评价体系中处于核心的地位，教育对象学习和接受状况的好坏与教育质量的高低直接相关。

其次，高校思想政治教育对象接受质量评价工作对受教育者具有一定的约束和导向作用。在高校思想政治教育工作质量评价工作中重视对思想政治教育对象接受质量的考察和评价工作，对思想政治教育对象自身来说具有重要的意义。这种重要意义或作用主要表现在两个方面：一是开展接受质量评价活动能对教育对象形成一定的约束作用。把思想政治教育活动纳入正式或正规的考试或考评当中，可以起到督促思想政治教育对象（或学生）学习巩固和发展其学习效果的作用。二是通过开展经常性的接受质量评价活动，能对思想政治教育对象形成一定的导向作用。这种导向作用又具体体现在两个方面：一方面，引导思想政治教育对象正确认识教育质量评价的实质和根本目的；另一方面，开展接受质量评价工作有助于受教育者把握学习的方向和重点，进而增强学习的针对性，提高学习的有效性，并最终领悟学习和教育的真正意义。

最后，做好高校思想政治教育对象接受质量的评价工作有助于为相关教育部门、教师及相关教育工作者总结经验和教训，进一步掌握思想政治理论课教学规律，更好地为开展思想政治理论课教学、提高针对性和实效性提供直接依据和参考凭证。对思想政治教育对象的学习和接受状况进行摸底和考察，是教育者掌握和了解教学效果的必要环节。一方面，通过对这一环节的考察，思想政治教育工作者及相关部门能够及时掌握思想政治教育对象的学习情况，发现和分析相关问题，总结经验教训，改进教育方式和策略，从而避免教育者陷入被动的处境之中，掌握教育的主动权。另一方面，通过对思想政治教育对象接受质量的考察，即看他们是否真正领悟和掌握相关知识、理论，是否学以致用、掌握相关技巧和能力，这本身也是对教育者工作效果或教育效果的一种反映。

因此，对受教育者评价是思想政治教育的前提和起点。只有在认真调查研究和切实评价的基础上，对受教育者的思想品德现状做出科学的评述和估量，才能制订出正确的教育计划并付诸实施。

三、高校思想政治理论课教育对象接受质量评价的科学内涵

高校思想政治教育对象接受质量评价主要是指对思想政治教育对象的学习效果进行考察和评价。这种学习效果也即教育效果，是指思想政治教育对象对相关知识和理论的理解和接受程度及其运用和实践表现。只有教育对象或受教育者真正领悟和掌握了相关知识和理论，并内化为自觉的行为，才能说他们所接受的思想政治教育是高质量的、有效果的。在理解这一含义时，需要明确以下几点。

第一，从认识论的角度看，当把质量评价和高校思想政治教育对象结合起来讨论时，其中心任务是对高校思想政治教育对象的学习和接受状况进行考察和评价。思想政治教育的对象是人，而对人的评价本身是可以从很多方面来进行的，但就思想政治教育的质量评价而言，则主要是考察和评价思想政治教育对象在接受思想政治教育之后的学习收获和学习效果，换言之，即对思想政治教育对象在整个教学活动中的实际收获进行分析和评价。事实上，在思想政治教育过程中，从认识论的角度看，思想政治教育对象即受教育者，既是客体又是主体。因此，为了把握思想政治教育的质量状况，其中一个很重要的方面就是分析和判断思想政治教育对象的接受和领会情况，受教育者是否认清自己的状况，是否认识领会了相关知识和理论以及各种社会规范。这一考察主要侧重于考察教育对象对理论知识的系统学习情况（接受程度、理解程度、认同程度等）及其对思想政治教育内容的把握和理解情况。这是考察思想政治教育对象在接受教育之后所获得的教育效果的最为基本的方面。

第二，从实践论的角度看，对高校思想政治教育对象接受质量的评价还包括考察教育对象是否具备了运用马克思主义的立场、观点、方法去观察事物和解决问题的能力。如前所述，从认识论角度看，对思想政治教育对象接受质量的评价主要侧重于考察思想政治教育对象的理论学习情况，与此同时，从实践论角度看，对思想政治教育对象接受质量的评价则侧重于受教育者的日常行为表现，即考察受教育者在接受思想政治教育之后是否把相关知识和理论运用

于认识和分析日常生活和社会问题，并内化为自觉的行为和社会实践。这是评价思想政治教育对象接受质量的高一层次的标准。把这一标准纳入考察高校思想政治教育对象的接受质量之中，有利于防止出现只重视理论学习和背诵，而忽视理论理解和运用的弊病。这表明"考查考试主要是检查学生对马列主义基本原理的理解和运用这些原理分析问题的能力，而不是单纯检查学生的记忆力"。所以，在考察受教育者的接受情况时，一个很重要的方面就是看他们是否在这一过程中达到了由被动到主动、由客体到主体的转化，换言之就是要看思想政治教育对象的主动性和能动性是否被调动起来。这是衡量是否完成思想政治教育的过程、达到思想政治教育目标的重要指标或关键之处。

第三，在对高校思想政治教育对象的接受质量进行考察和评价时，要把对教育对象学习效果或学业成绩的考查与对其思想面貌和道德素质的考察区分开来。需要注意的是，教育对象的思想道德素质与其学业成绩不存在直接的对应关系，即分数高、学习成绩好并不意味着思想道德素质高，反之亦然。正如苏联教育家苏霍姆林斯基所指出的那样："把学科评分跟道德面貌等同起来，就是不假思索地追求表面上不错的指标——数字。我们认为，不可把一切都归结为一个简单的结论：分数好，孩子就好；分数'不合要求'，就等于学生'没有达到水平'。"对高校思想政治教育对象接受质量的评价和考察，并不是为了对教育对象进行简单的排名或对受教育者做出等级（包括好坏和高低）划分，而是为了真实反映思想政治教育对象的认知和实践情况。因此，在对教育对象的接受质量进行评价和考察时，要避免单纯以学习成绩来衡量学生思想道德素质的做法，而是要根据不同的标准对学生的学习成绩和思想道德素质单独展开评价和分析。

第四，在对高校思想政治教育对象接受质量进行评价和考察时，要把短期效应和长远影响都纳入考察范围。很多时候，我们在对思想政治教育对象的接受质量进行评价和分析时主要基于教育对象的短期的或阶段性的表现来作出评判。事实上，这只是评判思想政治教育对象接受质量的一个方面，我们还需要对受教育者所受到的长远影响进行跟踪监测和评价，即把短期的即时效果和长远的关乎教育对象一生成长的影响两个方面结合起来考察。有学者指出，从质量评价和教学效果评价的差异性来看，由于教学质量的显现并不是教学状况的直接反映，也就是说教学质量的作用是一个长效的过程，而教学现状的评价较注重短期效应，有时候课堂教学短期效应较好，并不意味着教学质量很高。这表明，在考察和评价思想政治教育对象的接受质量时要关注和重视长效评价，即关注思想政治教育在教育对象一生成长中所形成的影响或作用。

第二节 高校思想政治理论课教育过程质量评价

新时代高校思想政治教育工作质量评价，不仅要评价高校思想政治教育对象接受质量评价，同时还要基于动态的视角去检测高校思想政治教育过程的质量状况。2020年，中共中央、国务院印发的《深化新时代教育评价改革总体方案》（以下简称《总体方案》）结合高校思想政治教育工作面临的新形势，明确提出了"创新德智体美劳过程性评价办法"的新要求，为高校思政课教学评价改革指明了方向。20世纪80年代以来，过程性评价作为一种评价范式，在教育评价改革中广受推崇。

一、高校思想政治教育过程质量评价的重要意义

所谓过程性评价，就是一种在课程实施过程中对学生的学习动机、学习策略和学习效果进行评价的方式，具有评价过程动态性、评价方法多样性、评价功能激励性、评价结果非预期性等特点。高校思想政治教育过程质量评价具有重要意义。

第一，重视思想政治教育的过程评价，有助于切实提升高校思想政治教育质量，克服和纠正思想政治教育工作中重知识轻能力、重结果轻过程、重理论轻实践等不良倾向。传统的思想政治教育评价，通常更重视对思想政治教育的结果进行评价，评价时往往重知识轻能力、重结果轻过程、重理论轻实践，导致在思想政治教育实践中忽视了学生能力的培养，在教学过程中只注重灌输和传授，对

阶段性、过程性效果不认真考查，在教学过程中一定程度上忽视了学生的情感体验以及学生能力的培养。而思想政治教育过程评价，更强调重视学生的需求、情感、价值观等非智力因素，更注重培养学生的能力，包括认识和分析问题的能力、实践体验和动手能力等，这些能力在人才培养中起着非常重要的作用。传统评价模式下，重视结果忽视过程容易出现以下问题，诸如课堂环境不够宽松、民主，师生互动性差，气氛不够活跃，难以激发学生的学习兴趣。大学生作为被动的接受者，在这种教育过程中难以获得一定的情感体验，如幸福感和愉悦感难以把这些内化为自己的思想、信念、品质，导致思想政治教育针对性和实效性大打折扣。通过过程评价与分析，充分尊重大学生在需求、兴趣爱好、心理发展水平和理解接受能力等方面存在的差异。实现思想政治教育的目标，帮助大学生树立积极健康的人生态度，提高大学生的思想道德素质和文化素质，提高大学生认识世界和改造世界的能力，将大学生真正培养成为新时代担当民族复兴大任的时代新人。

第二，重视思想政治教育的过程评价，有助于保证高校思想政治教育过程中各种有效信息的传递，提升思想政治教育质量。思想政治教育工作是教育者和被教育者双方的活动，教师与学生的对话是不容忽视的问题，借助思想政治教育过程的质量评价，将思想政治教育过程中教师对学生的单向传递转变为教师与学生的双向沟通，从学生那可以了解他们掌握了什么，在哪些方面尚未能理解，教师的授课是否讲解清晰、透彻，哪些方面还需要进一步改进，学生还有什么需求和期待，等等，所有这些信息，对教师不断改进和完善思想政治教育均有着十分重要的意义。思想政治教育过程评价可以为我们提供这些有益信息，我们需要科学设计思想政治教育的过程，及时了解和掌握教育者与被教育者的最新进展和各方面的动态，对思想教育过程中教育内容的接受情况、教育环境的影响、教育方法的效果、教育目的的实现情况等给出客观评价，针对思想政治教育的现状和存在的问题，及时和适时做出相应的反馈与调整，完善教育过程，切实提升思想政治教育质量。

第三，重视思想政治教育的过程评价，有助于更有针对性地规范、指导和评价高校思想政治教育工作，以评促建，推进思想政治教育创新发展。就当前思想政治教育评价现状而言，思想政治教育工作质量评价较多采用结果评价的形式，结果评价的评价体系相对容易制定，实施起来可操作性较强，借助结果评价往往能够获取某个被评价对象或者某个地区某一时期的思想政治教育情况，包括实践、文化、网络、心理、管理、服务、组织等方面工作的育人情况，较容易进行同时期不同被评价对象评价结果的横向比较。然而，要想全面考察被评价对象思想政治教育的原有基础、发展历程、发展潜力和发展趋势，包括一些难以立竿见影呈现效果的创新性工作；要想对思想政治教育状况进行全方位的评判，更加有针对性地规范和指导被评价对象，过程评价必不可少。过程评价更多关注思想政治教育的具体过程和动态发展，或是从前后变化的对比视角进行纵向评价，而不是仅就思想政治教育的当前状态进行静止的评价。过程评价有助于了解思想政治教育的发展变化历程和真实水平，实现自身的纵向比较。坚持过程评价有助于多角度、全过程的评价思想政治教育的真实状况，鼓励各高校开展创新性工作，把创新成果纳入评价体系，实事求是地反映思想政治教育的质量和水平，从而制定有针对性的措施对思想政治教育过程、结果进行有效调控和优化调整，推动思想政治教育创新发展。

二、高校思想政治教育过程质量评价的科学内涵

思想政治教育过程是教育者和受教育者在一定的目的指导下，借助一定的方式和手段互动的过程，是教育者根据一定社会的思想品德要求和受教育者思想品德形成发展规律，对受教育者施加有目的、有计划、有组织的教育影响，促使受教育者产生内在的思想矛盾运动，以形成一定社会所期望的思想品德的过程。思想政治教育过程是教育者、受教育者之间，在教育目的、教育内容、教育手段、教育环境和教育活动的联结下互相作用的过程。一切教育效果都是教育过程的直接产物，只有思想政治教育过程完善、合乎规律，教育才能产生良好的效果。因此，必须重视高校思想政治教育过程的科学评价，这些是我们把握高校思想政治教育过程质量内涵必须充分认识到的问题。

思想政治教育过程质量评价主要是对思想政治教育过程各种因素、环节和节奏做出评价,典型方法或工具是"成长变化记录"或"表现式的评价"。过程性评价拓宽了思想政治教育评价的领域,运用质量评价工具对教育对象的情感、态度和价值观进行评价,是非常可贵的。当然,思想政治教育是一个整体,在当前高校思想政治教育的背景下,非智力的情感态度因素在高校思想政治教育过程中的重要性日益凸显出来,与思想素质的提升、知识的增长、能力的提高及智力的发展紧紧结合在一起,很难进行严格区分。过程性评价、终结性评价各有侧重,前者侧重评价情感、态度、价值观等方面,后者侧重评价思想政治教育的最终效果。过程性评价不是微观意义上对思想政治教育过程的评价,也不是只注重过程而不注重结果的评价,而是对课程实施意义上的教育动机、过程和效果的三位一体的评价。把过程评价和结果评价对立起来,容易导致对学生思想政治教育的狭隘理解,产生不良的后果。

高校思想政治教育过程质量评价是指由评价工作组讨论制定或参照既有的高校思想政治教育评价体系实施的对思想政治教育队伍质量、思想政治教育对象接受情况、思想政治教育内容、教育方法、教育形式和手段等的评价。过程评价具有灵活性、针对性、多样性,也有助于发现思想政治教育的真实问题和困难。对思想政治教育过程进行评价时,必须坚持辩证唯物主义全面的观点、联系的观点和发展的观点。首先,要做横向评价,即检查和评价教育过程中"主体"(教育者、受教育者)和"主要要素"(媒介教育目的、教育内容、教育手段、教育环境和教育活动)在方向上是否协调一致。其次,要做纵向评价,即检查和评价整个教育过程的各个因素是否做到了良性循环。最后,要做全面评价,即要对思想政治教育队伍质量思想政治教育对象接受情况、思想政治教育内容、教育方法、教育形式和手段等做具体检查和评价,对教育目的、教育内容、教育手段和教育活动是否科学和正确做出判断。总之,在思想政治教育过程中,要探索适合不同层次、不同阶段和不同流程的具体思想政治教育评价体系,建构出灵活多样的标准与操作规程,要有计划地评价思想政治教育过程的发展情况,及时采取措施,以保证教育过程正常和符合规律地发展。

需要指出的是，高校思想政治教育过程质量评价虽然涉及思想政治教育的各种要素，但是归根结底是对思想政治教育过程运行状态的评价，检查和评价思想政治教育过程在方向上是否协调一致；检查和评价思想政治教育过程是否做到了良性循环。检查和评价教育目的、教育内容、教育手段和教育活动是否科学和正确。思想政治教育过程主要是教育者、受教育者和教育环境三者之间，在教育目的、教育内容、教育手段和教育活动的联结下，互相作用的过程。一切教育效果都是教育过程的直接产物。只有思想政治教育过程完善和合乎规律，思想政治教育才能产生良好的效果，因此，必须对高校思想政治教育过程质量进行及时和科学的评价。对高校思想政治教育过程质量评价必须坚持辩证唯物主义全面的、联系的和发展的观点，有计划地评价教育过程质量情况，及时采取措施，以保证思想政治教育过程正常和符合规律地发展，为新时代高校思想政治教育质量提升提供重要保障。

三、高校思想政治理论课过程性评价存在的问题

高校思想政治理论课引入过程性评价后，在倡导多元、强化激励、促进发展的评价理念指导下，评价过程更加全面，评价结果更加真实，评价对教学的反馈改进作用更加明显，学生对思政课的参与热情被进一步激发，思政课的吸引力进一步提升。过程性评价的实施在提升学生语言表达能力、团队合作能力等方面效果显著[①]。但是由于评价主体对过程性评价的认知水平和评价运行的保障能力不足，导致高校思政课过程性评价的实际运行还存在一些问题。

（一）评价作用的发挥不够充分

过程性评价是在课程中对学生学习动机、学习过程和学习效果的评价，具有诊断、调节、改进的功能。但是一些教师在实施过程中出现了问题，具体如下：一是把对学习效果的评价排除在过程性评价之外。有些教师认为过程性评价只评价过程不评价结果，他们

---

① 刘彩霞.大学生课程学习过程性评价实施状况研究：以H大学为例[D].开封：河南大学，2019.

强调只要参与就有分数，就能获得肯定，至于参与的结果与课程目标的达成度如何不去过问。在思政课的教学改革中，一些教师引入翻转课堂、情境教学等课堂模式，课堂欢声笑语，但是热闹过后，对于学生究竟在教学主题下收获了什么，以及学生分析问题、解决问题的能力有没有提升，可能不会关注。思政课呈现的这些现象反映了一些教师对过程性评价的理解表层化、片面化。二是以评促学的作用没有充分发挥。过程性评价不能止步于诊断，不能只是对学习过程评价资料进行数字统计，而应该通过数据的分析研判促使学生进行反思，并进一步调整学习策略，不断提升学习成效。

（二）学生参与评价的积极性不高

过程性评价主张评价能力是学生学习的重要内容，参与评价的过程也是学生进行知识建构的过程。当前的高校思政课教学改革鼓励学生参与课堂教学活动，通过课堂教学模式改革，广泛调动学生的积极性。但是调查显示，有很多学生认为自评和同学间的互评在过程性评价中占比不高。具体体现在如下方面：一是不愿参与评价。学生普遍认为评价是教师的事情，教师拥有对学生的绝对评价权，即使教师鼓励学生参与评价，也只是教学过程中的"民主假象"，对最终的评价结果不会产生实质性影响。二是不会开展评价。评价是一门学问，需要评价者在全面掌握被评价对象信息的基础上，透过现象看本质，历史地、联系地、系统地做出评价结论，同时提出改进的意见或建议，帮助被评价者实现成长进步。在过程性评价的实践中，一些学生有参与评价的热情，但苦于不得评价要领，无论是自评还是他评，仅仅停留在事实陈述层面，缺乏问题意识与分析反思，导致评价的实际效果不好。

（三）评价运行的效率较低

过程性评价作为教学的重要环节，要服务教学质量的提升。而科学高效是教学质量的应有之义和内在要求。当前，高校思政课过程性评价的运行情况与思政课的高质量发展不相适应。一是适用范围界定不清。明确谁来评价（评价主体）和对谁评价（评价客体）问题是开展过程性评价的前提，涉及评价的边界界定。"受教育者道德行为规范的养成与思想素质的发展，相比于个体的社会现实生活，课堂教学的教育作用虽是必需的，但也是有限的。"[1]实践中存在两种错误的倾向：一方面，评价主体范围随意扩大，即有人认为过程性评价的主体范围除了常规的教师和学生，还应包括学校所有的管理人员、家长和社会用人单位，但是课堂教学范围外的其他人员如何参与评价、他们的评价所占权重如何设定还是问题；另一方面，评价客体范围交叉重叠，即过程性评价的评价范围也是开展过程性评价首先需要明确的问题，有人将思政课与思想政治教育相混同，将过程性评价的范围扩大到思想政治教育的范围，思想政治教育的范围突破了课堂教学，延伸到了"三全育人"的全范围。

第三节 高校思想政治教育结果质量评价

推进高校思想政治教育工作质量评价，除了要充分把握教育对象接受质量、教育过程运行质量外，还应该从整体上关注思想政治教育的结果，对思想政治教育的结果进行质量评价。这个结果是思想政治教育的最终结果，这个最终结果既不同于教育队伍质量、教育对象接受质量，也不同于教育过程质量，而是思想政治教育活动的最终结果。其虽与教育队伍状况、教育对象接受状况、教育过程状况等密切相关，但也具有一定的相对独立性。思想政治教育结果对于思想政治教育来说具有根本性的意义，思想政治教育的存在就是通过调动各方面的力量和因素，致力于实现思想政治教育的最终结果。因此，新时代推进思想政治教育工作质量评价，必须把高校思想政治教育最终结果的评价放到重中之重的位置。

一、高校思想政治教育结果质量评价的重要意义

高校思想政治教育结果质量评价是推进新时代思想政治教育工作质量评价重中之重的内容，为了增强高校思想政治教育结果质量

---

[1] 张丽萍.高校思想政治理论课教学评价的反思[J].黑龙江教育，2014（1）：32-34.

评价的自觉性和坚定性，就必须充分把握其重要意义。

首先，开展高校思想政治教育结果质量评价是保证思想政治教育工作正确方向的需要。新时代思想政治教育工作应该坚持正确的方向，这个方向坚持得如何、是否有所偏离，都与加强思想政治教育结果质量评价息息相关。只有坚持以马克思主义为指导，坚持不懈宣传马克思主义科学理论，培育和弘扬社会主义核心价值观，培育优良校风和学风，才能牢牢把握社会主义的办学方向，筑牢思想基础。也只有做好思想政治教育工作，才能抓住全面提高培养人才能力这个核心点，完成"培养社会主义事业建设者和接班人"的重大任务。新时代思想政治教育要培养的是能够担当社会主义现代化建设历史重任和担当中华民族复兴大任的时代新人，特别是培养理想信念坚定、充满蓬勃朝气的可靠接班人，就必须始终对思想政治教育的这个最终结果进行检测，检测思想政治教育结果是否坚持了正确的政治方向。新时代思想政治教育工作要坚持正确的政治方向，就应该加强思想政治教育工作质量评价。高校思想政治教育结果质量评价可以充分发挥其鲜明的价值导向性，它可以引导思想政治教育活动适应人和社会的发展需要，确保教育活动高效有序运行，保证思想政治教育沿着正确的方向发展下去。只有导向正确，才能防止思想政治教育的偏离和教育过程的失序，从而使思想政治教育运行方向和活动过程始终按照教育目标来运行。特别是在各种社会思潮激荡的情况下，思想领域的多元化会导致不同价值取向同时存在，为了引导人们坚定马克思主义立场，思想政治教育结果质量评价就会发挥它的价值导向功能，具体表现为不同岗位各负其责，齐抓共管，正确引导，实现协同育人。可以看出，思想政治教育工作质量评价有利于确保思想政治工作坚持正确的方向，思想政治教育最终结果质量评价承担着新时代思想政治工作"把关人"的角色，发挥着价值导向作用，能够把正确的政治方向贯穿于新时代思想政治教育工作的全过程。

其次，开展高校思想政治教育结果质量评价是诊断思想政治教育工作问题及其对策有效性的重要手段。新时代高校思想政治教育工作需要增强针对性和实效性，而发现思想政治教育工作中存在的问题并制定相应的对策，就需要开展思想政治教育结果质量评价。

思想政治教育结果质量评价一定程度上能够对整个思想政治教育活动状况进行检测。进行结果质量评价的过程，就是获取整个活动状况信息的过程，通过调查研究，能够较全面地呈现思想政治教育工作中的问题、方法、规律和对策等信息。思想政治教育结果质量评价是为整个思想政治工作过程服务的，它既是调查研究获取信息的过程，也是科学正确决策的准备过程，教育者要想有效地控制思想政治教育工作过程，就必须及时地掌握质量评价结果呈现出来的反馈信息，然后对所获取信息进行归纳整理，进而分析思想政治教育过程中存在的问题，积极寻求相应对策。"从现实看，人们对思想政治教育最终结果质量或实效性的评价总体还是比较具有主观性的，往往根据自己的主观判断做出评价，而不是根据客观而科学的评价指标和经过一番严谨的评价做出结论。实际上，思想政治教育实效性的高低不能仅仅凭经验的主观感觉，而应该通过科学研究，建立起严谨的评价体系，才能获得客观而科学的评价。"只有这样的评价，才能相对全面地把握思想政治教育结果质量的整体状况，给出客观而科学的结论。因为只有根据这样的评价，才能判断出思想政治教育最终结果质量的高低，才能通过各个科学客观的指标知道思想政治教育最终结果质量存在哪些具体问题，进而通过对现状和具体问题的把握找到提升高校思想政治教育最终结果质量的对策。

最后，开展高校思想政治教育结果质量评价能够推进新时代思想政治教育创新发展。思想政治教育结果质量评价能够充分认识思想政治教育实践活动的最终结果，因而开展思想政治教育结果质量评价，可以充分反映思想政治教育创新发展的要求。开展思想政治教育结果质量评价可以充分体现和落实新时代思想政治教育工作的目的和目标要求，并把目标具体化，分解成一系列具备可操作性的具体目标，然后依据一定的方法和手段，对这些指标作出定量与定性分析，最终得出评价结论。这样既可以宏观展现对整体思想政治教育状况的检验，又可以具体展现每一评价指标存在的问题及趋势。"事""时""势"是新时代高校思想政治工作必须直面的"变量"，"化""进""新"即是对新情况新变化的回应与决策。故而，当我们在开展高校思想政治教育结果质量评价时，要遵循"三因"理念，根据时代的变化和要求，客观而灵活地设定评价标准，只有建立在真实可靠信息基础上的评价结果才是可信的，展现出的问题才是真实的，唯有如此，才能为思想政治教育工作者全面掌握教育动态，探求新时代思想政治教育工作的问题，进而采取正确的决策提供客观依据。

因此，通过开展思想政治教育结果质量评价来诊断思想政治工作存在的问题及对策，就应该密切结合新时代思想政治教育工作面临的新情况、新问题，根据新的工作要求来进行质量评价。通过与时俱进的思想政治教育结果质量评价，真实、客观地反映思想政治教育工作的现状，推进新时代思想政治教育工作创新发展。

二、高校思想政治教育结果质量评价的科学内涵

高校思想政治教育结果质量评价所指是什么？这涉及高校思想政治教育结果质量评价的本质规定，涉及高校思想政治教育结果质量评价的时代内涵。

在我国思想政治教育领域，思想政治教育结果质量评价说到底就是检验思想政治教育对受教育者的影响力，就是思想政治教育是否具有凝聚人心、统一意志的能力，能否在各种社会思潮中具有引导民心和决定社会舆论走向的能力。因而在这种意义上，高校思想政治教育结果质量评价就要评价高校思想政治教育能够保证将马克思主义基本原理、马克思主义中国化成果在纷繁复杂的各种社会思潮中转化成为青年学生的指导思想。随着中国特色社会主义进入新时代，特别是党的十八大以来，以习近平同志为核心的党中央以高度的使命担当和政治自觉，围绕坚持和发展什么样的中国特色社会主义、怎样坚持和发展中国特色社会主义，形成一系列创新性观点，形成了习近平新时代中国特色社会主义思想。习近平新时代中国特色社会主义思想是党和国家必须长期坚持的指导思想，是全党全国各族人民团结奋斗的共同思想基础，是建设社会主义现代化强国、实现中华民族伟大复兴中国梦的行动纲领。因而从这种意义上看，新时代高校思想政治教育结果质量评价最为根本的时代内涵，就是要看评价是否以习近平新时代中国特色社会主义思想去推动工作、

指导实践,是否将习近平新时代中国特色社会主义思想转化成为青年学生的思想自觉和行动自觉。党的十九大报告指出:"必须推进马克思主义中国化时代化大众化,建设具有强大凝聚力和引领力的社会主义意识形态,使全体人民在理想信念、价值理念、道德观念上紧紧团结在一起。要加强理论武装,推动新时代中国特色社会主义思想深入人心。"这揭示了新时代思想政治教育结果质量评价的本质规定、基本内容和核心要义。因此,新时代高校思想政治教育结果质量评价就是思想政治教育的凝聚力和感染力,就是能否实现马克思主义中国化时代化大众化,推动习近平新时代中国特色社会主义思想深入人心,能否使青年学生在理想信念、价值理念、道德观念上紧紧团结在一起。

新时代高校思想政治教育结果质量评价就是要让马克思主义科学理论特别是习近平新时代中国特色社会主义思想在社会思潮中占主导地位,成为民众尤其是大学生的行动指南。

从现实看,随着全面改革开放的纵深推进,社会经济成分、就业方式、分配方式和生活方式日益多样化,人们思想活动的独立性、选择性、多变性、差异性进一步增强。世界范围内各种思想文化的交流交融交锋越来越频繁,国际思想政治教育的斗争和西方思想政治教育渗透日益趋向隐蔽且来势凶猛。特别是网络社会的到来,人们在各类信息获取更加便捷的同时,网络社会也充斥着良莠不分、鱼龙混杂甚至诋毁主流价值的信息。我们的民众在这种社会现实中生活和学习,必然受到这些现实的熏染,形成一些先入为主的思想观念,甚至受到一些错误思想的诱导,直接或间接消解主流思想政治教育话语言说的效果。在这种情况下,必须坚持和发展马克思主义,把深入学习和贯彻习近平新时代中国特色社会主义思想作为新时代掌握思想政治教育结果质量评价的本质与核心。从当前看,尽管我们的党和政府在社会各领域取得一些重大历史性成就,解决了许多长期想解决而没有解决的难题,特别是有效解决了一些突出的社会热点和难点问题,但人民日益增长的美好生活需要和不平衡不充分的发展之间的矛盾已经成为我国社会的主要矛盾,诸如贪污腐败、分配不公、贫富差距等社会问题一定程度上影响到思想政治教育效果。在这种现实下,如何在复杂社会现实环境中发挥社会主义思想政治教育对民众的吸引力和感染力,将马克思主义特别是习近平新时代中国特色社会主义思想转化成为民众的思想追求和行为自觉,充分发挥主流思想政治教育话语的吸引力和感染力,就成为新时代思想政治教育结果质量评价建设需要解决的迫切问题。

因此,高校思想政治教育结果质量评价的内涵,就是指根据党和国家事业发展的战略需要,采用一定的方法和手段,对思想政治教育自身的性能是否最终满足党和国家事业发展需要以及教育对象发展需要的状况或水平给出价值判断的过程。这个评价最终以是否维护安定团结的政治局面,是否巩固了马克思主义指导地位,是否巩固了全国各族人民团结奋斗的共同思想基础为根本标准。思想政治教育工作不同于经济工作,也不同于行政管理。思想政治教育工作是在党的领导下按照国家和社会的要求,通过发挥思想政治教育理论对民众思想和行为的影响,凝聚起人们坚持党的领导、坚持社会主义制度、坚持中国特色社会主义的坚定信念。因而,这决定了高校思想政治教育结果质量评价最为主要和关键的是思想政治教育理论话语的主导力,即巩固马克思主义的思想指导地位、巩固全国人民团结奋斗的思想基础,实现马克思主义理论特别是习近平新时代中国特色社会主义思想对民众,尤其是大学生的思想观念、政治观点、价值取向的主导和引领。

三、如何推进高校思想政治教育结果质量评价

新时代推进高校思想政治教育结果质量评价,不同于教育对象接受状况、教育过程运行状况的评价。对于思想政治教育结果质量评价应该站在整体的角度来把握高校思想政治教育最终的实际效果。这个最终效果与思想政治教育的本质有关,与思想政治教育目的有关,与思想政治教育的方向有关。这个思想政治教育最终结果体现着思想政治教育的社会本质,体现了思想政治教育的目的,体现了思想政治教育归根结底为谁服务以及这种服务的状况。对此,推进高校思想政治教育结果质量评价应该做好如下几点工作。

首先,高校思想政治教育结果质量评价,要重点监测这个最终结果是否实现了以马克思主义指导思想为根本,以理想信念教育为

核心，以社会主义核心价值体系和价值观为引领，以教育对象全面发展为旨归，深入推进习近平新时代中国特色社会主义思想进教材、进课堂、进头脑；是否形成全员全过程全方位育人格局，切实提高思想政治教育的亲和力和针对性；是否着力培养德智体美劳全面发展的社会主义建设者和接班人，着力培养担当民族复兴大任的时代新人，不断开创高校思想政治教育工作新局面，形成系统完善的高校思想政治教育工作供给体系。高校思想政治教育结果质量，本质上是思想政治教育为党和国家事业发展及人民发展需要提供服务的状况或水平。因而，高校思想政治教育结果质量状况是否有科学的教育目标定位、内容选择、方法路径等，都是高校思想政治教育结果得以最终实现的核心内容，没有这些核心内容，就无法开展高校思想政治教育，更无法满足党和国家事业及人民发展需要。

其次，高校思想政治教育结果质量评价，要重点监测这个最终的结果是否牢牢把握住社会主义方向，坚持以马克思主义为指导，坚持党对思想政治教育的领导，坚持中国特色社会主义道路自信、理论自信、制度自信、文化自信；是否坚持办好思想政治理论课，发挥好哲学社会科学育人功能，加强高校各类阵地建设管理，加强教师队伍和思想政治工作队伍建设；是否强化问题导向，弘扬改革创新精神，做到高校思想政治工作因事而化、因时而进、因势而新，在破解高校思想政治工作短板上取得实质性进展；各级党委是否负起把关定向、统筹指导、建强班子的责任，把思想政治工作纳入党建工作和意识形态工作责任制，确保各领域成为坚持党的领导的坚强阵地；组织、宣传、教育等部门是否各负其责，形成齐抓共管的工作格局；各级党委是否履行好管党治党、创新体制机制，改进工作方式，把党建和思想政治工作优势转化为高校思想政治教育引领的优势。

最后，高校思想政治教育结果质量评价，要重点检测这个最终结果是否实现了为人民服务，为中国共产党治国理政服务，为巩固和发展中国特色社会主义制度服务，为改革开放和社会主义现代化建设服务。高校思想政治教育工作质量是为党和国家事业及人民发展需要提供的一种服务，因而也需从其对党和国家事业其他工作的保障作用角度来评价高校思想政治教育结果质量。只有满足了党和国家事业及人民发展需要，为党和国家事业的发展提供了保障服务，为人民的全面发展提供了科学指导，才能说是高质量的高校思想政治教育结果。

高校思想政治教育结果质量评价不仅是工作质量评价的集中体现，也是进一步开展思想政治教育的必然要求。高校思想政治教育最终结果体现着思想政治教育的社会本质，体现了思想政治教育目的，体现了思想政治教育归根结底为谁服务以及这种服务的状况。因此，新时代推进高校思想政治教育结果质量评价，要重点检测思想政治教育是否实现了为人民服务，为中国共产党治国理政服务，为巩固和发展中国特色社会主义制度服务，为改革开放和社会主义现代化建设服务。

第四节　高校思想政治教育队伍质量评价

新时代推进高校思想政治教育工作质量评价，必须把高校思想政治教育队伍质量作为其重要内容构成。高校思想政治教育队伍是加强和改进思想政治教育工作的组织保证，在思想政治教育活动中担负着组织、管理、实施、检查、督促、总结、评价等各项任务。高校思想政治教育队伍质量的高低，直接决定着能否完成这些任务以及能否有效实现思想政治教育的目标。队伍质量评价应该是高校思想政治教育工作质量评价的重要内容和环节，也是加强和改进新时代高校思想政治教育工作的重要手段。

一、高校思想政治教师评价制度的变革

推进新时代高校思想政治教育工作质量评价，对思想政治教育队伍质量进行评价是现实的需要。

新中国成立至今，我国高等学校思政课教师队伍的建设历程大致经历了三个时间段，分别是新中国成立初期、改革开放至21世纪初、21世纪初至今。而评价制度的建立作为教师队伍建设中非常重要的一项内容，也随着时间发展不断变革、完善，呈现出时代性、

规范化、针对性的特点。

新中国成立以后，为尽快消除旧社会遗留的一些错误思想，培养新社会的合格人才，提高大学生的思想政治文化素养，组建、培养一支政治信念坚定、业务水平高、马列主义理论功底深的高校思政课教师队伍，成为当时的重要工作。改革开放至21世纪初，为了尽快弥补"特殊时期"对高校思政课及教师队伍的影响，国家出台了一系列文件、政策，以解决当时高等学校思政课师资数量少、任务重、教学水准低等问题。这样，在加快恢复师资建设的基础上，有力地促进了思政课教师考核评价的制度化、规范化。进入2000年以来，为使高校大学生尽快提高思想政治素质，实现全面发展以适应国家快速发展的新形势，国家对高校思政课以及思政课教师提出了更高的要求。特别是党的十八大以来，党和国家高度重视思政课教师队伍建设，做出了系统部署和一系列制度安排，其中多次就深化思政课教师考核评价制度改革做出明确指示，充分体现了这项工作的重要性和紧迫性。

从2005年《〈中共中央宣传部　教育部关于进一步加强和改进高等学校思想政治理论课的意见〉实施方案》（简称"05方案"）实施开始，国家即加快了评价相关体制机制建设研究与改革创新的步伐。与此同时，以习近平同志为核心的党中央也对高校思政教师提出了高要求。2014年，习近平总书记勉励全国广大教师要争做"四有"好老师；2016年，习近平总书记号召广大教师要以德立身、以德立学、以德施教，做到"四个相统一"；2018年1月20日，中共中央、国务院出台《关于全面深化新时代教师队伍建设改革的意见》指出，坚持兴国必先强师，把全面加强教师队伍建设作为一项重大政治任务和根本性民生工程切实抓紧抓好；2019年9月，习近平总书记在全国教育大会上指出，教师要有良好道德情操，要执着于教书育人，忠诚和热爱教育事业；2020年9月，习近平总书记勉励广大教师不忘立德树人初心，牢记为党育人、为国育才使命；2020年10月，中共中央、国务院发布《深化新时代教育评价改革总体方案》，涉及学校评价、教师评价、学生评价和社会用人评价以及各级党委、政府（督导）在教育评价中的职责等，构建了一个包括学校、教师、学生、社会和政府在内的、完整的主客体评价体系。

二、提升高校思想政治教育队伍质量评价的价值

高校思想政治教育队伍是教师队伍中的一支特殊力量，但在很长一段时间里，高校思想政治教育队伍建设工作重点都是在教师队伍的数量提升和学历提升上，为了更好地满足学校和学生日益增长的对美好教育生活的需求，为了更好地培养担当民族复兴大任的时代新人，高校思想政治教育队伍建设的重心应转向关注教师队伍的内涵式发展，即提升高校思想政治教育队伍质量，科学公正的高校思想政治教育队伍质量评价自然是思想政治教育队伍质量提升的重要途径。

首先，进行高校思想政治教育队伍质量评价，能够激发思想政治教育队伍开展工作的内生动力。高校思想政治教育队伍质量评价直接指向高校思想政治教育队伍的整体素质，作为新时代开展思想政治教育工作的组织者和实施者，面对思想政治教育的挑战和机遇，高校思想政治教育工作者的引导对于落实立德树人根本任务，培养德智体美劳全面发展的社会主义建设者和接班人起着"领航人"和"指明灯"的作用，这也是新时代赋予高校思想政治教育工作者的重要使命。

通过高校思想政治教育队伍质量评价，能够使高校思想政治教育工作者立足使命，强化责任担当，以百倍热情投入到思想政治教育工作中，提升高校思想政治教育队伍对教育对象的责任感与使命感，进而激发开展思想政治教育工作的内生动力。

其次，进行高校思想政治教育队伍质量评价，能够促进高校思想政治教育队伍内涵式发展。内涵式发展重在求质，高校思想政治教育队伍质量的体现不在于数量和规模，而是与思想政治教育队伍的教育理念、政治信念、理论素养、管理方式、实际效果密切关联的，既要重过程也要重结果。加强对高校思想政治教育队伍质量的评价，科学反馈思想政治教育队伍质量现状，能够有针对性地督促思想政治教育队伍在观念及管理上的转变，增强他们对自身工作性质的认识和把握，促进高校思想政治教育队伍内涵式发展。

再次，进行高校思想政治教育队伍质量评价，能够提升学生核心素养的培育。在教育实践中，教师始终是开展教育活动的主体，

他们站在讲台上为学生传授知识内容，他们的教学质量和水平直接关乎学生在知识学习方面的效果。面对当前新时代发展和变化，学生的学习方向也发生了很大的变化。在核心素养大力提倡的教育环境中，思政课教师以核心素养培育为教学目标之一，更加注重培养学生的核心素质和综合能力。而这些变化的教学背景和教学要求，都需要教师紧跟时代的需求进行自我调整，并且为学生提供相适应的教学活动，保障新时代教育活动的高效性。构建教师评价体系和开展评价活动，能够为教师的教学活动指明方向，为中国素质教育推动奠定良好的基础。

最后，进行高校思想政治教育队伍质量评价，能够开拓新时代思想政治教育新局面，提高工作的实效性。思想政治教育从根本上说是做人的工作，必须围绕学生、关照学生、服务学生，不断提高学生思想水平、政治觉悟、道德品质、文化素养，让学生成为德才兼备、全面发展的人才。这个过程需要高校思想政治教育队伍依据形势变化、学生成长规律与发展需求制定切实可行的教学、管理措施，将思想政治教育贯穿教育教学全过程，在过程中育人，使学生坚定信念、开阔视野、增长才干，增强社会责任感和使命意识。评价教育者不要只停留在对教育者素质的评价上，而且要探究教育者素质状况形成的原因，以便制定提高教育者素质的措施。

三、高校思想政治理论课教育队伍质量评价的科学内涵

2020年10月，中共中央、国务院发布的《深化新时代教育评价改革总体方案》从师德师风、教育教学、学生工作、科研和荣誉5个方面完整构建了教师评价体系，既是完整教育评价的重要组成部分，又是促进教师专业全面发展的重要内容，这也包括对思政课教师的要求。

（一）评价师德师风

教师发展，师德为要。《深化新时代教育评价改革总体方案》指出，坚持把师德师风作为第一标准。将师德师风纳入教师评价，有利于推动师德师风建设与教师专业发展相互融合、相互促进。

各级各类学校要加强师德师风建设。一是要建立健全理论学习

制度，不断提高教师的思想政治素质。推进理论学习的系统化、经常化，用习近平新时代中国特色社会主义思想武装教师头脑，引导教师带头践行社会主义核心价值观，打造一支有理想信念、有道德情操、有扎实学识、有仁爱之心的教师队伍。二是要落实立德树人根本任务，勉励广大教师自觉增强立德树人的责任感。引导广大教师以德立身、以德立学、以德施教、以德育德，学为人师，行为世范，努力当好学生成长的引路人。《深化新时代教育评价改革总体方案》指出，将师德表现作为教师资格定期注册、业绩考核、职称评聘、评优奖励的首要要求，将师德师风考核评价机制纳入教师各类发展项目，全过程全链条齐抓共管。三是要推动师德师风建设常态化、长效化。健全教师荣誉制度，积极培育和推广师德师风典型，发挥典型示范引领作用。同时建立师德失范行为通报警示制度。全面落实新时代幼儿园、中小学、高校教师职业行为准则，规范职业行为，明确师德底线。对师德失范行为实行"一票否决"，探索实施教育全行业禁入制度。

（二）强调教育教学

开展教育教学活动，进行教育教学改革和实验是教师最基本、最核心的使命和职责所在。《深化新时代教育评价改革总体方案》中提出通过对教育教学实绩进行评价，引导教师上好每一节课、关爱每一个学生，力求促进教育教学作为教师最基本和最核心职责的回归，让组织、设计、开展教育教学的能力切实成为教师专业发展的主轴。

根据不同学段教育教学的特点，《深化新时代教育评价改革总体方案》有针对性地提出了相应的要求。其中，职业学校教师评价强调健全"双师型"教师认定、聘用、考核等评价标准，突出实践技能水平和专业教学能力。高校教师评价则将参与教研活动、指导学生毕业设计等计入工作量，以响应国家"以本为本"的高等教育教学改革号召。同时，严格要求落实教授上课制度，将教学课时作为教师考核的重要条件等，有助于督促、引导高校教师重视做好最基本、最核心的教育教学工作，扭转当前"重科研轻教学"的导向。对高校思政课教师来说，要注重考核教师队伍的思想政治素质、理论政策水平及从事学生思想政治工作的实绩和能力。

（三）强化学生工作

《深化新时代教育评价改革总体方案》强化一线学生工作，将学生工作作为学校领导干部、教师考核、选拔任用和职称评聘的重要内容。

学生工作是教师教书育人工作的重要组成部分和应尽的基本义务，是培养和熏陶学生情感、态度和价值观念、人格品质等的重要途径，更是促进教师与学生之间彼此熟悉、增进情感的重要渠道。作为高校思政课教师，要以核心素养提升为目标，利用思政课立德树人的课程特色，丰富教学方式方法，在政治方向引领、理想信念引领、道德引领等多方面，全面培养学生的世界观、人生观和价值观，培养其成为社会主义合格建设者、中国梦的圆梦者。

（四）鼓励教育科研

开展教育科学研究，是教师提高自身素质、实现专业发展和自我成长的重要途径。对教师科研开展科学合理的评价，有助于激发教师的创造力，在创造性的劳动中实现自我的发展和完善。

《深化新时代教育评价改革总体方案》特别提出"改进高校教师科研评价"，大致包括以下方面：一是要以质量为导向，突出学术贡献、社会贡献和支撑人才培养的作用，这是在科研评价观念上的一个重大转变。二是分类评价，推行代表作评价，这是在科研评价方式上的一个重大变革。注重教师的代表作评价，则有助于教师对一些课题进行更加持续、深入的研究，而非蜻蜓点水、浅尝辄止式的研究。三是明确在理论创新成果、前沿技术突破等方面做出重大贡献的教师，申报高级职称时论文可不做限制性要求，这是在科研评价指标上的一个重大突破。这对教师潜心治学、专注技术突破、解决技术难题，实现自我价值和社会价值的统一，将起到极大的鼓舞作用。

（五）健全荣誉制度

教师荣誉是对教师的师德、专业知识、专业能力等的充分肯定和高度表彰，有助于教师专业认同感和自我价值感的提高，对教师的专业发展起着重要的激励和引导作用。

《深化新时代教育评价改革总体方案》中以"品德、能力、业绩"为导向，促进人才称号回归学术性、荣誉性本质，通过精简人才"帽子"等举措，切实明晰了教师荣誉的根本目的，也力求更好地发挥教师荣誉的社会贡献和价值。一是进一步整合教育领域人才荣誉称号计划，提高各类人才计划的认可度和公信力。二是依据实际贡献合理确定人才薪酬，不得将人才称号与物质利益简单挂钩。三是鼓励中西部、东北地区高校"长江学者"等人才称号入选者与学校签订长期服务合同，为实施国家和区域发展战略贡献力量。

第五章

核心素养视域下高校思想政治理论课教学质量评价体系的维度和构建原则

核心素养视域下高校思想政治理论课教学质量评价体系的构建要坚持科学的评价维度和基本原则,这是推动思想政治理论教育工作质量评价创新发展的重要内容,是提高思想政治教育工作质量评价有效性的基本遵循。确立科学合理的维度和基本原则为高校思想政治教育工作质量评价指明正确方向。

第一节 核心素养视域下高校思想政治理论课教学质量评价的维度

自《中共中央宣传部 教育部关于进一步加强和改进高等学校思想政治理论课的意见》(简称"05方案")发布实施以来,依托马克思主义一级学科的建设和发展,经过广大思想政治理论课教师的共同努力,高校思想政治理论课发展态势良好。当前,对高校思想政治理论课教学质量做出科学评价成为促进高校思想政治理论课深入、可持续发展的一项重要任务。在核心素养视域下科学评价高校思想政治理论课教学质量,需坚持方向维度、理论维度、转化维度和服务维度。

一、方向维度

在核心素养视域下评价高校思想政治理论课教学质量的方向维度，是指把是否坚持用马克思主义指导思想政治理论课的教育教学，是否坚持对学生进行系统的马克思主义理论教育，是否坚持引导和帮助大学生树立马克思主义的世界观、人生观和价值观，作为评价高校思想政治理论课教学质量高低的首要标尺。

把方向维度作为评价高校思想政治理论课教学质量的首要维度，是由核心素养内涵和高校思想政治理论课的性质和任务决定的。思想政治理论课是大学生的必修课，是帮助大学生树立正确的世界观、人生观、价值观的重要途径，体现了社会主义大学的本质要求。马克思主义是我们立党立国的根本指导思想，是全党全国人民团结奋斗的共同思想基础。高等学校思想政治理论课承担着对大学生进行系统的马克思主义理论教育的任务，是对大学生进行思想政治教育的主渠道。可见，思想政治理论课教育教学是否坚持方向维度，涉及课程质量的核心要素，决定着高等教育培养出来的中国特色社会主义事业所需人才是否"合格"和"可靠"，关系着中国特色社会主义事业的兴旺发达、后继有人。

目前，绝大部分思想政治理论课教师都能坚持以马克思主义为指导和主要内容开展思想政治理论课的教育教学。但也应该看到，仍有少数思想政治理论课教师在思想政治理论课教育教学中自觉或不自觉地弱化甚至偏离了马克思主义立场。比如，有的教师以所谓"贴近生活"为由，浓墨重彩地谈马克思主义基本理论之外的逸闻趣事、历史掌故等；有的教师以价值中立的态度来对待思想政治理论课的教学内容，有意无意地淡化或弱化课程的意识形态功能等。这样的思想政治理论课，即使有较高的"出勤率"和"抬头率"，有"笑声"和"掌声"，也绝非合格的思想政治理论课。因此，方向维度应当成为衡量思想政治理论课教学质量高低的根本维度。

二、理论维度

在核心素养视域下评价高校思想政治理论课教学质量的理论维

度，是指把注不注重、善不善于向学生讲授马克思主义理论和学生能否正确接受、认同马克思主义理论作为评价高校思想政治理论课教学质量高低的重要标尺。

把理论维度作为评价高校思想政治理论课教育教学的重要维度，这既是高校思想政治理论课担当的使命所决定的，也是由人的品德形成发展规律决定的。马克思主义理论是根植于实践又被实践证明了的关于自然、社会和思维发展普遍规律的真理性认识成果，其虽然具有无可辩驳的科学真理性，但马克思主义理论不会无师自通，人们只有在对马克思主义理论知识有基本的了解和掌握后，循着知、情、意、信、行的辩证发展和转化，才能运用马克思主义的立场、观点和方法分析和解决实际问题。

高校思想政治理论课是青年大学生学习、了解、认同马克思主义的主渠道。思想政治理论课四门课程，均承担着不同的马克思主义理论教育任务。其中，"马克思主义基本原理概论"主要是通过对学生讲授马克思主义基本原理，使学生从整体上准确理解和把握马克思主义的科学内涵和精神实质，并在此基础上，能够运用马克思主义的立场、观点和方法分析和解决实际问题。"毛泽东思想和中国特色社会主义理论体系概论"主要是向学生讲授马克思主义中国化的理论成果，使学生充分认识到中国特色社会主义道路的正确性、中国特色社会主义理论体系的科学性、中国特色社会主义制度的优越性，进一步增强其道路自信、理论自信和制度自信。"中国近现代史纲要"通过向学生开展中国革命、建设和改革开放的历史教育，帮助大学生了解国史国情，使学生对近现代以来中国在抵御外来侵略、争取民族独立、推翻反动统治、实现人民解放和富裕的过程中选择了马克思主义、选择了中国共产党、选择了社会主义道路、选择了改革开放的正确性和历史必然性有更深刻的领会。"思想道德与法治"课则是通过对学生开展社会主义道德观教育和法治观教育，使其能用所学知识和理论分析和把握当代中国社会和自己的人生问题，成为具有良好道德品质和守（护）法的合格公民。通过用上述马克思主义基本原理到马克思主义在中国革命、建设和改革中的运用和发展，再到运用马克思主义基本原理和中国化马克思主义指导大学生成长成才这样的一个课程体系对学生进行马克思主义理论教育，才能使广大学生从整体上准确理解和把握马克思主义理论，掌握马克思主义的立场、观点和方法，并自觉将其作为行动的指南。由于必要的马克思主义理论知识是信仰和践行马克思主义的前提和基础，因此，应把注不注重、善不善于向学生讲授马克思主义理论作为评价高校思想政治理论课教学质量高低的重要维度。

在现实的思想政治理论课教育教学中，有的教师对于思想政治理论课的理论性存在认识上的偏差，认为理论具有抽象性、概括性，讲理论必然会导致课堂死板，提高思想政治理论课的教学质量只能在教学方法和手段上下功夫。其实，教学内容和教学手段、方法的关系应当是内容和形式辩证统一的关系，内容决定形式，形式服务于内容。教学手段方法的改革和运用，其最终目的都是为了使学生更好地把教学内容内化为自己意识体系的有机组成部分，并用于指导实践。如果忽略教学内容理论逻辑的力量和学术价值的魅力，不关注和研究马克思主义的重大理论问题、青年学生普遍关心的社会现实问题、大学生的思想状况以及人的思想品德发展规律，也鲜有针对学生的思想问题和重大现实问题进行必要的理论探究，那么，这种缺乏学术支撑和理论联系实际的空洞说教，自然难以打动、说服学生。因此，理论维度应当作为评价思想政治理论课教学质量的重要维度。

三、转化维度

在核心素养视域下评价高校思想政治理论课教学质量的转化维度，是指把大学生有没有以及在多大程度上把思想政治理论课的教学内容转化为其意识体系的一个组成部分，并外化为相应的行为和持续行为习惯，作为评价思想政治理论课教学质量高低的重要标尺。

把转化维度作为评价高校思想政治理论课教学质量高低的一个重要维度，是由思想政治理论课的特质和马克思主义理论品性所决定的。思想政治理论课的教学内容具有鲜明的意识形态性，其教学任务是让学生通过学习马克思主义理论、伦理道德规范和国情、国史，树立起马克思主义信仰、共产主义信念，并学以致用、身体力行。此外，思想政治理论课担负的一个重要任务就是要以马克思主义武装大学生，而马克思主义的根本特性就是实践性。因此，在评价思想政治理论课教学质量的时候，应当分析大学生运用马克思主义的原理与方法去正确观察、理解、评判历史与现实的程度以及大学生的行为表现与之契合的状况。

目前，对思想政治理论课教学质量做出鉴定评价通常是在学期末通过对学生进行成绩考核的形式进行。这种重知识掌握程度而轻知识转化为行为的考核，难以反映出思想政治理论课教学质量的全貌，毕竟，学生的情感、意志、精神与人格的发展等是难以用考试成绩来测评的。在思想政治理论课教学质量评价研究和改革中，既要注重以学生对马克思主义理论知识掌握程度为标准，更要以学生是否将马克思主义理论所承载的政治性、人文性、价值性的内容落实在日常生活、学习和工作中，作为评价思想政治理论教学质量的标准。这样，才能促使思想政治理论课相关管理部门、高校和思想政治理论课教师，对影响学生内化、外化教学内容有哪些因素，各因素分别对学生内化、外化教学内容有什么样的影响，以及影响的程度做深入的分析和研究，并在此基础上提出促进学生内化、外化教学内容的举措，从而真正实现"以评促改、以评促建、以评促管、评建结合、重在建设"的评价目标。因此，转化维度应当成为衡量思想政治理论课教学质量高低的又一重要标尺。

四、服务维度

在核心素养视域下评价高校思想政治理论课教学质量的服务维度，是指把是否坚持解决大学生思想问题与解决实际问题相结合、服务大学生同教育引导大学生相结合以及满足大学生需求同提高其素养相结合，作为评价思想政治理论课教学质量的重要标尺。

把服务维度作为评价思想政治理论课教学质量的维度，既是贯彻落实"以人为本，科学发展"教育理念的具体体现，也是对心理学基本原理的遵循。心理学的研究表明，当需要产生时，就会形成一种内在的驱力，推动人们去满足这种需要，这种内驱力就是动机。动机是由需要转化而来的，没有需要就难以产生动机，没有动机也就没有行动的主动性。大学生认同思想政治理论课教师开展的教育教学活动也是如此。只有大学生认为思想政治理论课教师开展的教育教学活动能满足或至少有满足其需要的可能性时，大学生才能把思想政治理论课的教学内容内化为其精神文化的有机组成部分，并通过合适的行为方式外化出来。思想政治理论课说到底是做人的工作，人是思想政治理论课的中心和根本。因此，在思想政治理论课教育教学活动中贯彻落实"以人为本，科学发展"教育理念，就是要在满足学生合理需要、服务学生中进行思想教育。

随着社会转型发展和高等教育改革的深入，当代大学生的需求结构正发生着显著变化，自我价值实现需求、自我发展需求、学习技能需求、求职技能需求等是当代大学生在学习、生活和实践中表现出来的强烈需求。思想政治理论课教师应深入到学生中，全面深入了解大学生思想困惑和实际需求，在教学中针对其疑惑所在、情感所需、利益所求和关注的兴奋点，采取大学生喜闻乐见的形式，运用生动活泼、朴实亲切、旁征博引、通俗易懂、情理交融、深入浅出而又贴近大学生实际的语言，把学生关心和疑虑的问题讲明白、讲透彻，同时指导、帮助大学生处理好成长过程中学习成才、择业交友、健康生活等方面的具体问题。这样，既讲道理又办实事，既以理服人又以情感人，学生才能真学、真懂、真信、真用思想政治理论课的教学内容。

目前，有的思想政治理论课教师没有认识到解决学生实际问题对于解决学生思想问题的促进、推动作用。在教育教学活动中，没有将解决学生思想问题和解决学生实际问题很好融合起来，没有把服务学生和教育引导学生很好结合起来，不注重、不善于解决大学生在学习和生活中产生的困惑和问题，致使思想政治理论课应有功能未能充分发挥出来。因此，服务维度应成为考察思想政治理论课教学质量的重要维度。

评价高校思想政治理论课教育教学质量，不能仅依凭其中某一个或某几个维度，而应综合运用方向维度、理论维度、转化维度和服务维度。唯有兼顾上述四个维度，才能对高校思想政治理论课教育教学质量做出客观、公正、科学的评价，进而促进高校思想政治理论课教育教学水平的不断提高和可持续发展。

第二节 核心素养视域下高校思想政治理论课教学质量评价体系的构建原则

核心素养视域下高校思想政治理论课教学质量评价体系的构建应坚持政治评价与业务评价相统一、过程评价与结果评价相印证、定性评价与定量评价相结合、精准评价与模糊评价相协调四个基本原则。

一、政治评价与业务评价相统一

大学生核心素养要点之一是国家认同，这是对中国大学生在思想政治方面的重要要求之一。因此，核心素养视域下高校思政课教育质量评价首先要坚持正确的政治方向，这既是由高校思想政治工作的特殊地位、作用决定的，又是由高校意识形态领域面临的实际形势决定的。

高校思政课教学质量评价必须坚持政治评价，这里的政治评价主要是指思想政治教育工作质量状况坚持或形成了正确的政治方向。具体到当代中国就是，是否坚持、符合乃至巩固了中国共产党的领导地位，是否有利于坚持中国特色社会主义制度，是否高举中国特色社会主义伟大旗帜，是否有利于实现中华民族伟大复兴中国梦，是否有利于巩固马克思主义在意识形态领域的指导地位，是否有利于形成全国各族人民团结奋斗的共同思想基础，等等。正确的政治方向、注重政治评价是高校思政课教学质量评价的最根本原则和依据。无论是对高校思政课的内容、方法、过程的评价，还是对实际效果的评价，都必须紧扣高校思想政治工作的目标和要求，把立足点放在到底"培养什么人、怎样培养人以及为谁培养人"这一根本问题上。

我们的高校是党领导下的高校，是中国特色社会主义高校。高校思想政治工作要为人民服务，为中国共产党治国理政服务，为巩固和发展中国特色社会主义制度服务。然而，高校是各种社会思潮的集散地，是各种政治势力争夺青年、争夺意识形态领导权的关键场域，主流意识形态面临各种社会思潮的冲击、渗透和分化，因此高校思政课教育工作质量评价应突出政治评价，强调正确的政治导向，以巩固马克思主义在高校意识形态领域的主导地位。

高校思政课教学质量评价还要注重业务评价，保证全面完成思想政治工作的各项具体任务。习近平总书记在全国高校思想政治工作会议上的重要讲话、《关于加强和改进新形势下高校思想政治工作的意见》、《高校思想政治工作质量提升工程实施纲要》等，为高校思想政治教育工作质量的业务评价提供了依据。高校思想政治教育工作包括全面统筹办学治校各领域、教育教学各环节、人才培养各方面的育人资源和育人力量，推动知识传授、能力培养与理想信念、价值理念、道德观念的教育有机结合，建立健全系统化育人长效机制。

核心素养视域下，还要求高校思政课教育工作质量业务评价必须着眼促进人的全面发展。人的全面发展是人类的崇高追求，是人的发展和社会发展的最终价值取向，这与大学生核心素养培育目标不谋而合。在坚持德育为先的同时，全面加强和改进智育、体育、美育、劳育。全面实施素质教育，坚持文化知识学习与思想品德修养的统一、理论学习与社会实践的统一、全面发展与个性发展的统一，促进德育、智育、体育、美育、劳育有机融合，着力培养学生的社会责任感、创新精神和实践能力，提高学生综合素质，使之成为德智体美劳全面发展的、符合时代需求的社会主义建设者和接班人。同时，提升核心素养还要求高校思想政治教育工作质量业务评价坚持培育健全人格。培养积极的心理品质和乐观向上的品格，创造幸福，分享快乐。关注内心世界，塑造纯真完美的心灵，将显性教育与隐性教育结合起来，使学生在获取知识的同时得到人格的滋养与涵育，营造良好的社会氛围，为培育健全人格营造良好氛围。

开展高校思政课教育工作质量评价，既要坚持政治评价，也要坚持业务评价，更为重要的是将二者有机结合起来。政治评价关乎高校思政课教育工作的性质和方向，是高校思政课教育工作质量评价的根本和关键，业务评价体现高校思政课教育工作的内容和任务，是高校思政课教育工作质量评价的前提和基础。离开政治评价，高校思政课教育工作就可能迷失方向；离开业务评价，高校思政课教育工作就会失去丰富内容和效果保障。在当前实施高校思政课教育工作质量评价应以党和国家尤其是近期关于思想政治工作的重要文献为根本依据，保证高校思想政治教育工作质量评价政治评价与业务评价的有机统一。

二、过程评价与结果评价相印证

《深化新时代教育评价改革总体方案》提出了"改进结果评价，强化过程评价，探索增值评价，健全综合评价"的要求，"四个评价"在实践中存在不同的问题，改革要求各有不同，但根本任务是保障教育评价的科学有效，提升教育评价的专业性、科学性。其中就包含结果评价和过程评价。

思想政治教育实践是一个不断开展、发展和完善的过程，实施思想政治教育工作质量评价也是一个动态性、系统性工程。思想政治教育的根本目的就是"提高人们的思想道德素质，促进人的自由全面发展，激励人们为建设中国特色社会主义，最终实现共产主义而奋斗"[①]。这也是思想政治教育的方向和性质。思想政治教育工作的目标是面向未来，以发展为目的的，然而其工作效果的呈现却通常具有一定的滞后性，需要一个逐步显现和不断提高的过程，这就决定了要科学评价高校思想政治教育工作的质量，既应关注当下可见的实际工作和效果，又应坚持动态的、发展的眼光，关注思想政治教育工作的发展过程和长期效果。就是说，核心素养视域下，高校思想政治教育工作质量评价应坚持结果评价和过程评价相统一的原则。

结果评价是一个时间单元结束时开展的评价，提供了学生学业成就或者教育效果达到什么水平的证据，属于正式评价并有较高的利害性，评价设计和实施都相对严谨严格。其重点关注教育教学环节、人才培养情况、育人资源以及学生对知识层面教育目标的完成情况等整体情况。过程评价是在一个时间单元的中间部分发生的，且在这个时间段内可以多次开展。过程评价可以是正式的，也可以是非正式的，例如课堂小测验、日常作业等。国外一般将过程评价

---

① 陈万柏，张耀灿.思想政治教育学原理[M].北京：高等教育出版社，2007：73.

称为形成性评价，有塑造的含义，主要功能是为师生改进教与学提供信息或者证据，多数情况下属于低利害性评价。

要科学评价高校思政课教学质量，既应关注当下可见的实际工作和效果，又应坚持动态的、发展的眼光，关注思想政治工作的发展过程和长期效果。也就是说，高校思政课教学质量评价应坚持结果评价和过程评价相统一的原则。坚持结果评价和过程评价的统一，是推动高校思想政治教育工作创新发展的客观需要。就现实情况而言，高校思政课教育质量评价较多采用结果评价的形式，结果评价的评价体系相对容易制定，实施起来可操作性较强，较容易进行同时期不同高校思政课评价结果的横向比较。而过程评价更多关注思想政治工作的具体过程和动态发展，或是从前后变化的对比视角进行评价，有助于了解高校思政课教学质量发展变化历程和真实水平，实现自身的纵向比较。过程评价的主要问题是评价指标不太好制定，而且可操作性不强、难度较大。坚持结果评价与过程评价相结合，有助于多角度、全过程地评价高校思政课教育工作的真实状况，鼓励各高校、教师开展创新性工作，把创新成果纳入评价体系，实事求是地反映高校思政课工作的质量和水平。

高校思想政治教育工作质量评价坚持结果评价与过程评价相统一，有利于防止思想政治教育工作质量评价过程中出现将思想政治教育工作质量评价的结果评价与过程评价割裂开的倾向。很多时候，我们在对高校思想政治教育对象的接受情况进行评价和分析时主要是基于教育对象的短期的或阶段性的表现做出评判。事实上，这只是评判思想政治教育对象接受质量的一个方面，我们还需要对受教育者所受到的长远影响进行跟踪监测和评价，即把短期的即时效果和长远的关乎教育对象一生成长的影响两个方面结合起来考察。

划分思想政治教育过程评价和结果评价的依据，主要是评价时间与目的不同。过程评价、结果评价各有侧重，前者主要评价思想政治教育的具体过程，侧重受教育者的情感、态度、价值观等的变化历程，目的主要是考察思想政治教育的实施过程；后者主要评价思想政治教育的最终效果，侧重受教育者的政治立场和方向，实施结果评价主要目的是反思思想政治教育的教育成果。高校思想政治教育工作质量评价不应是微观意义上对思想政治教育过程的评价，也不应是只注重过程而不注重结果的评价，而是围绕高校思想政治教育目标，对思想政治教育动机、过程和效果进行的三位一体的评价，因此要客观公正地评价高校思想政治教育工作质量，就要坚持过程评价和结果评价相印证的原则。

三、定性评价与定量评价相结合

高校思想政治教育工作质量评价必须依据一定的价值判断标准来进行，这个价值标准需要借助一系列的指标表现出来。依据评价指标的特点，可以划分为定性评价和定量评价。

（一）定性评价和定量评价

定性评价，就是采取归纳和演绎、分析与综合以及抽象与概括、经验判断与观察的方法，侧重从高校思想政治教育工作的性质方面对被评价高校进行综合分析与评判，通过去粗取精、去伪存真，由此及彼、由表及里，从而科学评价高校思想政治工作的效果和价值，比如评出优劣、撰写评语等。定性评价于传统管理中使用比较广泛，因为其具有如下优势：一是对一些复杂的深层次的因素，可以凭借评价者的智慧、经验和理性分析给予更准确的定位。二是关注被评价者在"质"方面的发展，强调对个体独特性做出"质"的分析。三是有助于发现问题及问题的成因，通过反馈评价意见及改进建议，促进评价对象的改进与发展。四是有利于做出概括性、总体性的评价。尽管定性评价具有以上诸多优势，但其局限性亦显而易见，即评价的主观性、随意性较大，评价的客观性、准确性常常遭受质疑。

定量评价，就是运用数据的形式，通过对评价对象表现出来的一些量的关系的整理和分析，从数量上相对精确地反映评价对象的局部或整体面貌，以把握思想政治教育的效果和价值。定量评价具有如下特点和优势：一是评价具有精确化、标准化、公平性较强等鲜明特点。二是评价结果直观、具体。三是评价简便，操作性强。当然，定量评价亦有局限性：一是定量评价强调共性和稳定性，较多关注了所评对象具有可测性的品质与行为，所以那些难以量化、不可测的品质与行为就容易被忽略。二是定量评价的标准不具多元性，所以容易忽视被评价者的个性发展。三是注重结果本身，而忽视过程。四是量化的标准过于简单和表面化，往往无法对信息、评价对象进行深层次的剖析和考查。

（二）定性评价与定量评价的辩证关系

定性评价与定量评价各有侧重，缺一不可。在高校思想政治教育工作质量评价中，定性评价注重"质"的判断，是对高校思想政治教育工作本质属性的鉴别与确定；定量评价注重"量"的方面，是通过数字、指标来量化表示高校思想政治工作的综合特征和水平。一般来说，定量评价只能作为定性评价的客观基础，没有科学的定量分析，做出的定性分析就可能有失妥当，对被评价对象进行细化与定量分析，不是质量评价的最终目的，主要是进行定性评价的依据和手段。定性分析是高校思想政治教育工作质量评价的出发点和归宿，同时又必须以定量分析为基础和依据，所以在定性评价的基础上进行定量分析，再以此为依据，进行量的分析、抽象、综合，在更高层次上进行定性评价，实现定性评价与定量评价的有机统一，从而做到质量评价内容全面、指标合理、方法科学。

四、精准评价与模糊评价相协调

思想政治工作从根本上说是做人的工作，必须围绕学生、关照学生、服务学生，不断提高学生的思想水平、政治觉悟、道德品质、文化素养。"做人的工作"是高校思想政治工作的重要特点和特色，"不断提高学生的思想水平、政治觉悟、道德品质、文化素养"体现了思想政治工作目标的复杂性和抽象性，也决定了思想政治工作难以进行精确测评，因此，应把精准评价与模糊评价结合起来。

高校思想政治教育工作质量评价坚持精准评价与模糊评价的协调必须充分把握精准评价和模糊评价的所指。只有明白了精准评价和模糊评价的所指，才能进一步深入理解高校思想政治教育工作质量评价的精准评价和模糊评价的科学内涵。精准评价，一般来说是对评价对象进行全面系统、科学严谨，并给出准确结果的评价，侧重评价的信度和效度，注重评价过程、结果和环节的精确性和准确性。对于任何一项评价活动而言，为了更好地获得理想的评价效果，从本质上看，都应该在各个环节追求评价的科学严谨性，都要求有明确的标准、严格的程序乃至令人信服而明确的结果。与精准评价相比，模糊评价一般来说是对评价对象的基本状况、发展趋势乃至因果关系给出一个大体的、笼统的判断或预测，侧重评价的相对性和预测性。任何一项评价活动，都不可能穷尽评价对象的所有方面，也不可能对所有方面进行评价，更无法对评价结果进行毫厘不差的描述，因而决定了在评价活动中为了更好地反映评价对象，对评价对象的基本现状、发展趋势、因果关系乃至最终结果进行描述，应采用模糊评价。精准评价和模糊评价都是评价活动必须坚持的原则，有着不同的内涵和所指。

精准评价是高校思想政治教育工作质量评价的本质要求。思想政治教育工作质量评价坚持精准评价，要求在高校思想政治教育工作质量评价过程中精准地确定评价的内容，制定客观有效的评价标准及评价体系，采用科学有效的信息收集方式和手段，制定严格的质量评价程序，并对质量评价状况作出具有信度和效度的描述。高校思想政治教育工作质量评价坚持模糊评价，要求在思想政治教育工作质量评价中充分把握高校思想政治教育工作质量评价的复杂性，科学预测高校思想政治教育工作对青年学生思想观念、政治观点和道德行为的影响，对特定的思想政治教育工作质量状况做出总体把握和分析，并能相对区分和把握不同部门或院校的思想政治教育工作质量状况。

坚持精准评价和模糊评价相结合，一定程度上解决了部分评价体系难以精确测评、思想政治工作的投入产出不完全对等等现实问题，也是辩证法在高校思想政治教育工作质量评价中的灵活运用和生动实践。从一定程度来看，坚持精准评价与模糊评价相统一，体现了高校思想政治教育工作质量评价体系中评价内容的具体清晰与评价标准相对性的统一。在思想政治教育工作质量评价中，精准评价是指准确选取和界定评价体系中各个指标的内涵和外延，各项指标都要有明确具体且独特的含义，评价指标的内涵必须清晰，内容精练、意义清晰，绝不能含糊不清、模棱两可、模糊抽象，也不能出现人云亦云、漂浮游移等情况，更不能出现标准片面甚至错误的情况。由于高校思想政治教育的特殊性，在具体实施政治与业务评价、主观与客观评价、过程与结果评价、定性与定量评价的过程中，往往需要采取"模糊"的方式。这里的"模糊评价"并非内容含糊不清、指标不确定，而是指由于高校思想政治教育工作质量评价的特殊性而导致的评价标准的相对性，即用区间的数字来标示思想、情感、态度等模糊变量的等级，"测评标准"（主要测评点）的具体评价一般都是采用"划分等级"或依据"主观模糊印象评定"来进行，等级划分具有相对性，一般分为"优、良、中、差"或者"A、B、C、D"等级，相邻等级之间的界限不明确、不清晰、差距不大。

总之，高校思想政治教育工作质量难以用简单的一套评价标准来测量，而是必须因地制宜、因时制宜，构建多种评价体系来分析与评判，以增强高校思想政治教育工作质量评价的科学性和针对性，切实提高高校思想政治工作的质量。

第六章

核心素养视域下高校思想政治理论课教学质量评价的历程和方法

新时代,我国高校思想政治教育工作已然从探索起步走到了较为成熟的评价阶段,对高校思想政治教育工作质量进行科学评价也成为时代需求。面对这样的命题,高校思想政治理论课教学质量如何评价、评价的主体是谁、评价的具体方法有哪些,均是学理与实践中需要思考的重点。

第一节 高校思想政治理论课教学评价的历程

高校思想政治课评价工作的展开,涉及宏观、中观、微观等多层面的问题,评价工作经历了从评价走向鉴定,再逐渐走向科学的一个发展历程。

一、我国早期思想政治理论课评价:从评定到鉴定

思想政治理论课教学既是一种知识传递活动,也是一种政治理论传播活动。在传统的评价模式中,评价者往往由行政命令指派,被评价者思想政治理论课教师没有任何权利去干涉。对高校思想政治理论课进行评价的历史可以追溯到抗日战争时期,在延安干部学校的课程评价实践中教师教学质量高低主要通过学生学习成绩来评

判。1952年，在新中国高等学校马克思列宁主义理论课课程体系基本建立后，对课程进行评价也提上了议事日程。在认真总结新民主主义革命时期评价经验的基础上，高校课程评价在新中国成立后逐步走上制度化、规范化。思想政治理论课经过1961年的调整后，课程评价体系在坚持将评定和鉴定这两部分进行分离的基础之上，对定性的鉴定更加重视。

二、改革开放以来：评价逐渐走向专业化

改革开放之后，历届党和国家的思想政治工作重要文献都非常重视思想政治效果的评估，一方面坚持内容评价的综合性，一方面坚持评价主体的专业性。以促进教师职业发展的发展性评价模式受到了重视。在发展性评价模式中，往往需要提供多个评价者供被评价者选择，被评价者在一定程度上具有选择评价者的权利，虽然这种选择权利的大小有限，还要受到其他因素制约。但评价者确定的重要原则确立：评价者必须是评价对象可以接受的人选，评价者往往是该领域公认的专家学者。思想政治理论课教学实施课程评价、教学评价，确定合适的评价者是非常重要的，评价者不仅要具备思想政治理论教育专业知识，而且还应当受过专门的发展评价训练，具备专门的评价技能和评价知识。评价者可以是国家行政机关、社会团体、同事、专家、教研室主任，也可以是学生。评价周期也不是一次性的决定性评价，开始注重过程性评价。思想政治理论课课程评价、教学评价周期是不一样的，应当根据评价内容、对象、标准和方法确定合适的评价周期。一般来说，针对课程设置方案的评价，可以委托专门的课题组进行一定时期内容的科研攻关，短周期内可以一次完成；针对教师教学效果的评价，则需要在教学周内进行跟踪评价，才能形成较为准确的评估结果。以往评价往往注重评价教师教的周期性，而忽略了学生学的周期性、过程性，随着教育评价理论的发展，学生评价的理论与实践逐步走向过程评价和结果评价相结合、课堂评价和实践评价相结合。思想政治理论课程的建设随着改革开放和社会主义现代化建设进程的发展也呈现出一个新型局面，评价标准逐步走向多元化。思想政治理论课建设进入了一

个新的时期，迅速恢复了对思想政治理论课课程进行评价以及进一步巩固乃至不断提高。评价对象侧重于马克思主义理论课程的教学工作，在"学生的学"和"教师的教"的评价方面取得了长足的进步，肯定了教学效果在职称评定工作中应有的地位。

在思想政治理论课评价中对教师的职业发展的关注度逐步上升，针对教师职业发展衍生出发展性评价理论，将评价看作一个循环往复的过程。据英国实施发展性教育评价的经验，人们普遍赞成两年为一个教学评价周期，克服了周期过长或者过短的弊端。发展性评价的第一年工作任务比较重，而第二年相对较为轻松，所以，思想政治理论课教师发展性评价宜分为两组进行，一组先进行第一轮评价，另一组在第二年才开始第一轮评价，以保持每年评价工作量的均衡。一个评价周期结束以后，下一个周期重新开始。

党的十四大以来，思想政治理论课程评价进一步完善发展，评价内容向综合性方向发展。在学业成绩考核、"两课"课程设置、教材审定、教学评价、工作评价等方面广泛开展。党的十五大之后，高校思想政治理论课改革进入一个新的发展阶段，经过中央政治局审定，批准了新的高校思想政治理论课设置方案，即"98方案"，课程设置更加专业化、学科化、规范化。2005年，中共中央宣传部、教育部发布了《关于进一步加强和改进高等学校思想政治理论课的意见》，思想政治理论课"05方案"正式出台。新的课程体系完善了课程设置，新体系结构合理，育人目标分工明确，教学内容充实，对教材评价、学生学业评价提出了明确要求。

高校思想政治理论课是师生共同参与培养情感和价值观的过程，评价的内容除了教学技能、学科知识水平两方面以外，还应包括教师个体的师风师德层面的内容。思想政治理论课教学评价以促进教师的专业发展为目标，不但要求教师具备任教学科的专业知识，而且同样重视教师的教育学科专业素养，做到"学术性"与"示范性"的统一。评价标准的设定既有统一要求，又为教师的个性发展和特色发展提供条件，在明确的评价标准和个性化评价之间应取得平衡。评价模式一直处于动态调整过程中，防止评价标准被程序化、数据化、甚至僵化。评价过程中必须正视教师的个性差异、知识背景差异、理论水平差异，防止用"一刀切"的标准来考量和评估所有教师，这不但不利于教师的成长，也不利于思想政治理论课教学效果的提高。对于"什么样的老师是一个好老师"没有绝对的、一致的评价标准，发展性教师评价需要参考和利用良好的评价指标、标准，更强调关注教师个体差异，所得出的结论主要用来进行纵向比较，鼓励教师发挥自己的特长，建构适合教师个体的教学风格和模式。

思想政治理论课评价首先要增加从业教师的学科归属感和认同感，评价目标是促进教师的专业发展。很长一段时期内，高校思想政治理论课建设缺乏有力的学科支撑，教师学科归属感不强。"马克思主义与思想政治教育"是一个二级学科，归属于政治学一级学科，学科地位不高，从业教师学术地位被边缘化，无学科归属感，对本学科科学性认同感较低。2005年4月，教育部决定设立马克思主义理论一级学科，下设5个二级学科，后来又增加了中国近现代史基本问题研究。马克思主义理论一级学科的成立，为培养和造就高素质的思想政治理论课教学队伍提供了坚实的支撑。马克思主义理论学科的建设是政治性与科学性的统一，是理论性与实践性的统一，更是思想政治理论课教学效果提升的重要保障，使思想政治理论课教师有了学科归属感和专业发展方向，这客观上为思想政治理论课教师发展性评价的实施提供了最为基本的前提条件。

三、新时代：思想政治理论课教学评价走向科学化

党的十八大以来，中国特色社会主义进入新时代，中宣部、教育部对思想政治理论课建设提出了新的要求，出台了一系列指导性意见和具体的指标体系。2015年，中宣部、教育部印发了《普通高校思想政治理论课建设体系创新计划》（教社科〔2015〕2号），简称《创新计划》。《创新计划》以提升思想政治理论课教育教学效果为中心，鼓励思想政治理论课建设体系创新，整体推进教材、教师、教学等方面综合改革。健全思想政治理论课评价标准和综合评价体系是《创新计划》主要任务之一，文件明确提出："健全完善评价标准，明确评价导向，优化评价机制，坚持评建结合，管理与服务并重，紧密结合思想政治理论课教材、教师、教学等实际，构建有利于激发各方面积极性，全面系统、科学规范、运行有效的综合评价

体系。"2017年，教育部印发了《高等学校马克思主义学院建设标准（2017年本）》，该标准将思想政治理论课建设标准细化为教学组织、教学实施、教学改革、教学考评四个方面，四个方面都有详细的定量要求和定性规定。

建设标准为高校思想政治理论课评价指标体系建构明确了四大主要方面，成为当前高校思想政治理论课评价体系制定的主要参照依据。习近平总书记在全国思想政治理论课教师座谈会上发表重要讲话，强调指出要开好思想政治理论课，必须大力推动思想政治理论课改革创新，不断增强思想政治理论课的思想性、理论性和亲和力、针对性，并提出了"八个相统一"的具体要求。

国家逐步出台标准的同时，研究者也开始注重评价方法的研究，收集、整理评价信息的工具、方法逐渐走向科学化，做到定性研究和定量分析的统一。收集教学评价信息的主要途径包括三种：一是直接观察，教学评价者在课堂直接观察教学现场情景。观察法在思想政治理论课评价过程中采用的最一般形式是听课，听课量表一般会设计教学目的、方法、内容等方面的评价指标体系。除此之外直接观察，也可以采用录像观察的形式实现。二是采用问卷、量表间接获得课堂教学的信息，问卷调查法、量表法是在更大范围获得教学信息的有效方法，它可以改变现场观察的区域局限。三是与被评价者的交流、被评价者的自评报告，评价者和被评价者的交流贯穿评价的全程，被评价者的自评报告以分析问题和不足为主，而非传统的以炫耀优点和长处为主。收集、整理思想政治理论课评价信息的工具有两种类型：一是收集、整理定性信息的记录方式；二是收集、整理定量信息的记录系统。收集、整理定性信息的记录方式得到的是非数量化的信息，它一般采用描述性和图式性的方式，对定性信息分析一般采取建模方式，来进行诠释或者解释，在方法论上属于定性研究。记录系统是定量评价的一种工具，是思想政治理论课课堂上教师与学生行为、环境变量的编码系统，针对这些记录结果的整理分析，可以得到详细的关于各种行为出现的时间、频率、比例，能够研究教师行为和学生表现的相互关系。定性研究和定量研究是互补的两种研究方法，在思想政治理论课评价过程中，需将两种研究方法相结合。

第二节 核心素养视域下高校思想政治教育工作质量评价的四种模式

高校思想政治教育工作内涵丰富，囊括了人才培养的众多方面，思想政治教育工作质量评价是一个多元综合的命题，其中评价对象众多，评价主体多元。从根本来说，对高校思想政治教育工作质量的评价归属于教育评价范畴，作为一种管理活动，必须要有一整套科学合理的评价体系，整套规范、稳定、配套的制度体系，以及推动制度正常运行的组织甚至是法律，而一整套的科学合理的评价体系往往表现为模式（model），是既有理论性又具有可操作性的行为范式。以教育评价为基础，高校思想政治教育工作质量评价模式主要有以下几种。

一、CIPP模式

20世纪六七十年代，美国著名教育评价专家斯塔佛尔比姆提出了CIPP评价模式。CIPP评价模式的基本观点是：评价最重要的目的不在证明，而在改进。该模式下通常将工作质量评价分为四个阶段，分别是背景描述（context）阶段、信息输入（input）阶段、信息处理（process）阶段、结果输出（product）阶段，此模式着重于过程评价，以信息的输入和处理作为评价模式的主要手段。

第一，背景描述阶段。背景评价是根据社会发展需要和评价对象的需要对教育目标本身做出价值判断。即确定教育计划实施机构的背景；明确评价对象及其需要；明确满足需要的机会；诊断需要的基本问题；判断目标是否已反映了这些需要。背景评价强调应根据评价对象的需要对教育目标本身做出判断，明晰两者是否一致。第二，信息输入阶段。输入评价是对各种可实现课程目标的课程计划进行评价。输入评价的目标是帮助决策者做出选择，选择可以实现课程目标的最优计划。第三，信息处理阶段。对方案实施情况不断检查，即对是否按计划实施方案、是否以有效方式利用现有资源等进行评价。如通过描述实际过程来确定或预测教育设计本身或实施过程中存在的问题,从而为决策者提供如何修正教育计划的有效信息。第四,结果输出阶段,即要测量、解释和评判教育计划的成绩。收集和结果有关的各种描述与判断,把他们与目标以及背景、输入和过程反面的信息联系起来,并对它们的价值和优点做出解释。

CIPP模式整合了背景评价、输入评价、过程评价和成果评价,具有较强的系统性。因而被广泛应用于对课程的全过程评价,通过整合诊断性评价、形成性评价、终结性评价,可以塑造全方位全过程的评价体系,充分发挥质量评价的功能。但由于该模式过分注重描述性信息,从而易忽视对方案及其实施的价值判断,在具体应用中应注意加以克服。在高校思想政治教育质量评价实践中,基于CIPP模式,可对大学生社会实践育人成效的评价体系进行研究,亦可将其应用于高校爱国主义教育课程的质量评价体系构建中。

二、绩效模式

这一模式突出构建理想化目标,以绩效评估为主要方式,对高等学校整体办学进行绩效评价是高等教育资源优化配置的重要手段。该模式可分为以下几种类型。

基于普通多指标的综合评价方法——大学排名。大学排名系统即用一套设计的评价体系按照预先设定的权重进行加权平均,将一定范围内的大学按照分数高低排列。该类模式运用了多种评价方法,例如德尔菲法、主成分分析法、层次分析法等。多指标综合分析评价法的缺陷也很明显,例如评价体系缺乏设计依据、指标数量的控制缺少相关研究、主观赋权值得思考等。现有影响力较强的大学排名分别有:上海软科的世界大学学术排名（ARWU）、英国泰晤士高等教育世界大学排名（THE）、美国U.SNews世界大学排名和英国QS世界大学排名。每类大学排名都有其自我设计的评价体系,并对每项指标给予了权重安排。

基于平衡记分卡的绩效评价方法。平衡计分卡（the Balanced Score Card，BSC）于20世纪90年代初由哈佛商学院的罗伯特·卡普兰（Robert Kaplan）和诺朗诺顿研究所所长戴维·诺顿（David Norton）所从事的"未来组织绩效衡量方法"研究中形成的一种绩效评价体系。平衡记分卡打破了单一使用财务指标衡量组织业绩的传统，而是在财务指标的基础上加入了相关驱动因素，即客户因素、内部业务流程和员工学习与成长，在集团战略规划与管理实施方面发挥举足轻重的作用。我国高等教育领域对该类方法尚在讨论阶段，实际应用案例较少。

基于DEA的高校绩效评价方法。这是一种典型的非参数评价方法，DEA模型广泛应用于各类教育机构的绩效评价与分析，其主要通过投入指标和产出指标的模糊对比与计算，比较投入与产出差值，从而得到评价结果。在一些客观性较强的指标上，如师资队伍、建筑面积、图书设施、教育经费支出、生活设施等，该方法表现出较强的应用性，但对于思想政治教育工作强调的"道德发展""学生获得"等，其应用性表现差强人意。

基于标杆管理的高校绩效评价方法。标杆管理源于"Benchmark"，可被理解为测量事物时距离参考点或者基准点的差距，即学校自身与标杆院校在各类指标上的比较与差异。标杆管理中重要的步骤是选定标杆院校。

三、项目模式

这一模式利用计划行为理论，一般将高校思想政治教育工作质量评价从细分的项目着手，如辅导员队伍建设、大学生理想信念教育等，将这些项目分解为五个要素：态度、主观规范、自觉行为控制、行为意向和行为，并制定相应的要素标准。"项目模式"将"过程模式"与"绩效模式"的优势融合在一起，标准健全，能够较为全面地反映高校思想政治教育工作的质量。虽然这种评价模式在对某一项具体工作进行评价时效果较好，但需注意的是，该模式难以从整体上把握高校思想政治教育工作的质量，同时要素标准的制定对该模式的影响极大，一旦存在问题，评价模式的有效性难以保证。

四、诊断评价模式

这一模式以问题为导向，重在设定标准，以便及时发现问题，主要应用于课程方案的评价之中。随着评价技术和理念的发展，其应用范围也愈加广泛，旨在为课程方案的改进提供认识和理解依据，并明确课程方案与变化着的条件之间的关系，使评价研究结果适用于不同的情境和问题域。该模式的主要特点为采用系统分析方法研究所有可能影响教育效果的因素（心理、社会、环境）及其内在关系，以及教育方面的种种变量，以便根据条件的变化及时变革课程方案。在高校思想政治教育工作质量评价中，该模式的应用目标在于发现高校思想政治教育工作中存在的问题并通过问题诊断将结果呈现给相关决策者，以提高思想政治教育工作决策的科学性。

第三节 高校开展思想政治教育工作质量评价的几种方法

高校思想政治教育工作范畴广泛，评价要素复杂，评价主体多元，在实际质量评价工作中，其模式的选择呈现出综合性、复杂性的特征，依据评价主体和评价目标的不同，评价模式的选择也不尽相同。虽然任何评价工作，其原理、目标、模式都存在着区别，但在具体实践过程中，我们发现，最基本的方法选择其实具有共通性，是根据评价的活动、评价的目的、评价性质灵活组成的。

一、访谈法

访谈法是指研究者有目的、有计划地与研究对象直接交谈，通过询问引导被访者回答问题的方式来收集所需资料的研究方法，又称谈话法或访问法。访谈既可以作为一种独立的研究方法，也可以作为一种辅助方法为研究收集资料。教育研究中访谈与一般的谈话有本质的区别：教育研究中的访谈是一种有目的、有计划、有组织的谈话，谈话过程紧紧围绕着研究主题展开，有很强的针对性，而一般情况下的谈话，没有明确的目的，随意性很强，是一种非正式的交谈。根据不同的标准可将其划分为重点访谈、深度访谈、座谈会和电话访谈等。

与其他教育研究中搜集资料的方法相比，访谈法具有其自身的独特性。

第一，灵活性。访谈法的灵活性主要体现以下两个方面：一方面，访谈调查是访谈员根据调查的需要，以口头形式向被访者提出有关问题，通过被访者的回答来搜集客观事实材料。此方法灵活多样，依据研究的需要向不同类型的人了解不同类型的问题，方便可行。另一方面，访谈是访谈人员与受访者之间互相交流、沟通的过程。此方式有较大的弹性，访谈人员在事先设计访谈问题时，是根据一般情况和主观预想制定的，考虑不一定周全，访谈中可以根据受访者的反映，对调查问题及时做出调整或展开。如果被访者不理解问题，可以提出询问，要求解释；如果访谈员发现受访者误解问题，也可以适时地解说或引导。

第二，准确性。进行访谈要提前确定访谈现场，访谈员可以适当地控制访谈环境，避免其他因素的干扰，灵活安排访谈时间和内容，控制提问的次序和谈话节奏，把握谈话过程的主动权，这有利于受访者客观地回答问题。同时，在访谈员与受访者直接进行交流的过程中，可以通过访谈员的努力使受访者消除顾虑，放松心情在思考后做出回答，这能够提高调查材料的真实性和可靠性。访谈过程中访谈者提出问题具有及时性，受访者无法进行长时间的思考，因此所获的回答往往是受访者自发性的反应，这种回答较真实可靠，此外，由于访谈是面对面的交谈，因此拒绝回答者较少，回答率较高。即使受访者拒绝回答某些问题，也可大致了解他对这些问题的态度。

第三，深入性。在面对面进行访谈的过程中，访谈员不仅能收集受访者回答的信息，还能够观察受访者的表情、动作等外显行为，以此来判断受访者的心理状态，鉴别受访者回答内容的真伪。此外，不管访谈员与受访者是通过直接交往，还是通过电话、上网等途径间接交往，都具有适当解说、引导和追问的机会。因此，这便于探讨较为复杂的问题，获取深层次与研究相关的资料。

第四，广泛性。除了有言语障碍的人以外，访谈法适合于任何人。所以不管受访者的年龄、受教育程度如何，从小孩到老人，从文盲到博士，均可采用访谈法获得研究所需的资料。对于有些调查对象来说，其他调查方式无法适用的，访谈法能照用不误。例如，要对幼儿进行调查，问卷调查法是不适用的，访谈法则是可用的。

在高校思想政治教育工作质量评价中访谈法得到了较多运用，其形式主要体现为深度访谈和座谈会相结合。教育部指出，大学生思想政治教育要注重时效性和针对性，也就是教育是否准确作用于学生，是否符合其身心发展规律，带给大学生何种亲身感受，引起他们什么样的行为变化等，一方面可以通过行为数据反映出来，但更多地需要用访谈的方法来探究行为背后的主体感受及成因。例如，专家入校后通常进行的"访谈教学单位及管理部门、学生"就采用了深度访谈法，如访谈学校领导、中层领导，可深入了解学校的办学思想、办学特色、教育教学改革、人才培养模式改革等问题；访谈教师、学术带头人，可了解专业教师素养、教师专业发展举措、教学质量、职业技能等；组织相关学生进行座谈，能够获得学生对于思想政治教育工作质量的质性评价。除专家入校访谈外，校内管理者也可通过多样化的访谈活动，扩充思想政治教育模式，提升教育效果。同时，在微观的思想政治教育课堂中，也可运用访谈教学法与学生进行思想沟通，传授理论知识，帮助学生形成正确认识。

二、观察法

观察法，是指人们有目的、有计划地通过感官或辅助仪器，对处于自然状态下的客观事物进行系统考察，从而获取经验事实的一种科学研究方法。科学研究中如果没有研究对象的第一手原始材料，就无法进一步认识事物的本质和规律。例如，恩格斯正是通过对英国伦敦市区居民的经济状况、生活条件做出详尽观察和分析，于1844年完成了《英国工人阶级状况》一书，该书不仅全面地描述了当时英国工人阶级作为一个社会阶级的状况，而且揭示了资本主义经济发展、社会发展和社会意识之间的关系。观察法是最早被人们采用，也是最基本的一种研究方法。随着现代科学技术的发展，观察技术手段现代化水平的不断提高，观察法的应用范围也愈加广泛并取得更好的成效。

观察法可分为日常观察和科学观察两种。日常观察，是指通过研究者的亲身感受或体验来获得有关研究对象的感性材料，带有一定的自发性、偶然性。日常观察是科学研究观察的基础和初级形式。科学观察，是指研究者按照预定计划，对于观察对象的范围、条件和方法做明确选择，有目的地直接观察处于自然条件下的研究对象的言语、行为等外部表现，收集事实材料并加以分析研究，从而获得对问题较深入认识的研究活动。

常见的观察方法有核对清单法、级别量表法、记叙性描述。观察一般利用眼睛、耳朵等感觉器官去感知观察对象。由于人的感觉器官具有一定的局限性，观察者往往要借助各种现代化的仪器和手段，如照相机、录音机、录像机等来辅助观察。根据观察的情境条件是在自然状态还是在人工控制状态，可将观察分为自然观察与控制观察；根据观察者是否借助仪器，可将观察分为直接观察和间接观察；根据观察者是否直接介入被观察者所进行的活动之中，可分为参与性观察与非参与性观察；根据事先是否有确定的观察项目和观察程序设定，分为有结构观察与无结构观察。

观察法作为应用范围较广的质量评价方法，具有其突出优势。首先，结构观察。观察法在搜集非语言行为资料方面明显优于其他方法，尤其可结合访谈法获得尽可能多的相关信息。如通过对学校师生精神状态、身体姿势、衣着与神态等方面的观察，可了解到师生日常的真实状态，从而反映出学校校风情况。其次，观察法发生的条件限制并不严格，伸缩性较大，能够有充裕的机会与被观察对象接触。当评价开始的时候就是观察开始的时候，利用评价者本身就可以完成观察与评价。再次，非控制条件下的观察，能够保证被观察者不易出现行为上的失常，事件发生的情境就较为自然真实。最后，观察法在大量观察资料和观察实践的基础上，可总结规律，进而发现事物发展倾向。如对校风校园文化的长久观察，可了解到学生在特定环境之下做出选择的倾向性。同时，该方法亦有其不足之处。其一，大多数观察的环境是难以控制的，评价者进入观察场域中并不是每次都能获得自己想要得到的资料或是观察到典型事件。其二，观察中只有较少的指标可用数量表示，大量的观察资料难以数量化和分析。同时由于观察者注意力的限制，每次观察可获得的有效指标较少，大多数的观察资料只能呈现场景的描述，对于评价工作的支撑度较差。其三，观察受时间限制较大。一般而言，时间越长的观察越有利于观察者进入观察环境，接触到真实的观察事件。短时间内的观察，有可能观察会"失真"。

总之，观察法可应用范围广泛，在质量评价中具有突出性优势，虽存在一定的方法缺陷，但仍是目前最为重要的评价方法之一。为规避其自身缺陷，可从以下几个方面着手改进：首先，根据评价的目标设定，选用结构性的观察方法，提前建立观察评价量表。如对高校思想政治理论课程效果的评价，可先围绕学生学习过程与方法、学习能力、学习态度与情感等方面设计评价量表，在课堂中实施有计划的观察，规避无效信息。其次，可借用录像设备对一段时间内的课堂进行观察，确保观察时长，以使信息更加准确、真实。再次，可针对典型的个案进行研究。在评价的观察过程中发现典型个案，应对此进行持续深入的观察，了解被观察者的信息追踪行为背后的原因。最后，评价中须重视教师和学生主体的观察，二者作为教育活动的直接参与者，对思想政治教育工作质量最有发言权，注重发动教师和学生进行观察，并保留观察资料以更全面反映高校思想政治教育工作质量全貌。

三、档案袋评价法

档案袋评价法又称为"学习档案评价"或"学生成长记录袋评价"，是20世纪80年代西方中小学评价改革运动中形成和发展起来的一种新的质性评价方式，它是通过对档案袋的制作过程和最终结果分析而进行的学生发展状况评价。档案袋是指由学生在教师的指导下收集起来的，可以反映学生的努力情况、进步情况、学习成就等一系列的学习作品的汇集。档案袋作为学生学习的工具和教师设计教学的基础，其主要目的是反映学生的成长，让学生成为评价过程的主人。

高校思想政治教育工作致力于大学生的人格培育、德行养成、精神成长，因无法用技术手段和精确的工具测量学生在人格、德行、精神等方面的成长程度，因此，在一定程度上而言，其质量评价是"不可具象化"的。档案袋评价法契合高校思想政治教育工作的特性，在实践应用中具有明显的优势。首先，档案袋评价内容比较丰富。档案袋评价持续、动态记录学生道德生成过程中努力程度、情感态度、价值观念和实践能力等全方位的发展轨迹，真实反映道德发展状况。其次，评价主体多元。档案袋评价强调学生的主体地位，重视多元评价。各评价主体立足不同维度，从整体上近似真实地描述学生道德成长轨迹，形成以学生自评为主，教师、同伴共同参与的综合性、多元评价体系。再次，评价方式多样。档案袋评价侧重平时表现和综合素质考核，评价方法灵活多样。通过真实记录、自我反思、倾听交流等形式实现自评与他评、定性评价与定量评价的结合。最后，评价过程开放。档案袋评价既关注结果，更重视学生自主发展过程，不仅根据大学生的行为表现评定为不同等级，还纵向追踪他们的道德成长过程，捕捉生活情境中的真实表现、努力程度、道德冲突、内省反思等信息表征因子，是一种发展性评价。同时，档案袋评价法也具有一定不足，如由于档案袋记录的动态性、资料的多元性造成工作量大，评价参与者负担过重；基于档案袋评价内容的多元性和教师对档案袋管理的有限性两方面影响，使得档案袋的内容与评价目标契合程度较差，影响着评价的效度等。总之，与其他评价方法一样，档案袋评价法不是一剂"万能良药"，在应用过程中也存在着一些潜在局限性，须在实际应用中加以关注。

目前，部分高校通过网络技术构建了具有自身特色的档案资源体系，成为学生评价的重要素材。主要包括以下三种：其一，诚信档案，或学生德育评价、操行评语等。具体内容包括：一是学生个人基本情况信息表。二是学习诚信评价。主要反映大学生在校期间上课、考试、学术研究、图书资料借阅等学习实践活动中相关情况的诚信评价。主要记录奖学金获得情况，毕业论文有无抄袭剽窃行为，有无考试违纪作弊、作业抄袭、伪造社会实践经历、无故旷课及处分情况。三是经济生活诚信评价。四是择业诚信评价。此外，也记录大学生参加公益活动情况及获奖等情况。诚信档案建立的过程也是大学生进行潜移默化自我教育的过程。其二，学生社团档案。学生社团档案是学生在校期间社团活动以及各种社会实践活动的真实情况记录，是学生社团发展、社团联合会开展工作、各大高校调整管理模式的第一手资料，同时也是社会用人部门、企业选拔人才、聘用人才的重要依据。学生社团作为高校进行思想政治教育的重要主体之一，社团档案在一定程度上丰富了思想政治教育素材。其三，学生心理档案。高校学生心理档案是使用科学与适应性较强的心理测试量表，通过问卷、谈话、咨询等各种方式来客观、综合地记录每个学生的个性心理特征和心理健康状况的资料集，是大学生心理活动、发展、变化状况的记录，对于高校学生的心理健康具有重要的作用及指导意义。高校学生心理档案的建立和收集有助于及时掌握学生的心理状态，以便更有针对性地开展思想政治教育工作。学生档案体系的建立，是档案袋评价法在高校思想政治教育工作质量评价中的典型应用。互联网技术的发展使档案袋评价法的应用载体转变为数据中心或学生行为分析中心，应用范围突破了原有的"记录"，更好地起到了预测干预的功效。

四、问卷调查法

问卷调查法是指通过制定详细周密的问卷，要求被调查者据此进行回答以收集资料的方法。所谓问卷是一组与研究目标有关的问题，或者说是一份为进行调查而编制的问题表格，又称调查表。它是人们在社会调查研究活动中用来收集资料的一种常用工具，调研人员借助这一工具对社会活动过程进行准确、具体的测定，并应用社会学统计方法进行量的描述和分析，获取所需要的调查资料。

问卷调查法有以下几个特点。第一，问卷调查法是以问卷作为收集资料的工具。这是问卷调查法的重要特征之一，书面语言以及书面交谈构成了问卷调查方法区别于实地研究等其他社会研究方法的重要标志。第二，问卷调查法具有很好的匿名性。在面对面的访问调查中，人们往往难于同陌生人谈论有关个人隐私、社会禁忌或者其他敏感性问题，而在自填式的问卷中，由于没有人在场，也不要求填写回答者的姓名，更便于人们回答这类问题。第三，问卷调查法可以避免主观偏见。问卷调查中，由于每个回答者所面对的都是完全相同的问卷，所以，无论是问题的表述、问题的次序还是答案的类型等都具有很高的统一性，从而避免了由于人为原因造成的各种偏误。最后，问卷调查法便于定量处理和分析。问卷调查中使用的问卷常常主要由封闭式问题组成，所以往往能够得到一种高度结构化的数据资料，适合于电脑进行定量处理和统计分析。

问卷调查法较快捷便利，其收集结果易统计分析，但是调查法有着不可避免的缺陷：（1）缺乏弹性。大部分的调查问卷均由问卷设计者预先设计好，包括问题的呈现、答案的排序等，这样使得被调查者回答较为受限，可能会遗漏一些更多细致、深层的信息。对于复杂的问题，如学生思想道德水平、重要影响事件的原因探索等问题可能难以得出准确的信息。（2）回收率及有效率较低。在问卷调查中，问卷的回收率和有效率须达到一定的比例才能够让调查资料具有代表性。如果通过邮寄问卷的方式，回收率往往偏低，对样本造成很大的影响。在实践中，高校发放调查问卷时，如果不加以外部控制，如辅导员组织学生填写、挂网必答等，回收率往往也难以得到有效保证。问卷设计工作具有复杂性，相较于访谈法、观察法等方法，问卷调查法受调查人员的影响较少，但其受问卷设计者影响较大。调查法成功与否很大程度上取决于设计环节，如问卷的信效度、题目设计、问题表述等多个方面都决定了收集的资料是否有用。

目前，问卷调查法不仅是高等教育质量评价的主要方法，其在高校思想政治教育工作质量评价中也得到较多运用。基于问卷调查法可获得海量的学生调查数据，结合大数据手段，可形成学生发展的轨迹报告，便于高校及时了解思想政治教育工作实况，实现"立德树人"目标与效果的实时监测与评估。

第七章

核心素养视域下高校思想政治理论课教学质量评价的主客体

思想政治理论课教学质量评价是依据一定的评价标准，用定性与定量相结合的科学方法，对思想政治教育工作的过程及其结果进行价值判断的活动。而思想政治理论课教学质量评价主体与思想政治理论课教学质量评价客体是构成思想政治教育工作质量评价活动的两个基本要素，两者之间的关系是思想政治教育工作质量评价活动中最基本的关系。研究思想政治教育工作质量评价主体与思想政治教育工作质量评价客体及其相互关系，对于正确协调两者之间的关系，充分发挥思想政治教育工作质量评价主体的主导作用和思想政治教育工作质量评价客体的能动作用，具有重要意义。

第一节 高校思想政治教育工作质量评价的主体

高校思想政治教育工作质量评价过程，涉及各级党委、政府和高校党委的管理者、思想政治教育队伍和广大青年学生群体。由于评价过程是一种相互作用的过程，因而，在此过程中，这些参与者既是主体，也是客体。就主体而言，他们分别承担着管理主体、教育主体和学习主体的角色。在此过程中，各自履行着不同的职责，共同促进评价工作的有效开展。

一、高校思想政治理论课教学质量评价的管理主体

思想政治理论课教学质量评价的管理主体是整个工作的组织者、领导者和实施者，担负着把方向、聚资源和查问题的基本职能，呈现出组成的多元性、评价的政治性和实施的科学性等特征。

（一）管理主体构成

管理主体担负着对思想政治教育工作进行质量评价的领导、组织、检查、指导等工作。通过以评促改，保证国家有关教育的方针、政策、法规的贯彻执行和教育目标的实现，进而指导实践。管理主体主要包括党委和国务院的宣传或教育主管部门、地方党委和政府及其教育主管部门、高校党委。

1.党委和国务院的宣传或教育主管部门

思想政治教育是意识形态建设的重要途径，是党的基本指导思想、基本方略、重大方针政策宣传贯彻的重要途径，也是培育德智体美劳全面发展的社会主义接班人的基本途径。对高校思想政治教育工作质量的评价事关重大。党委和国务院的宣传或教育主管部门是做好这一工作的主要组织者、领导者和推动者，在这一过程中，担负着组织、协调、管控等重要任务。

2.地方党委和政府

各级地方党委和政府是贯彻党的思想政治教育工作政策，落实习近平总书记关于思想政治教育工作的重要论述，引导思想政治教育工作与社会主义现代化建设、高校"双一流"建设巩固和发展社会主义制度相结合的关键因素，因而是思想政治教育评价工作的重要管理主体。正如习近平总书记所指出："各级党委要把高校思想政治工作摆在重要位置，加强领导和指导，形成党委统一领导、各部门各方面齐抓共管的工作格局。"[①]因而，地方党委和政府在高校思想政治教育工作质量评价当中起着重要作用。

3.高校党委管理机构

习近平总书记指出："高校党委对学校工作实行全面领导，承担

---

① 习近平在全国高校思想政治工作会议上强调 把思想政治工作贯穿教育教学全过程开创我国高等教育事业发展新局面[N].人民日报，2016-12-9.

管党治党、办学治校主体责任，把方向、管大局、作决策、保落实。"①高校党委是推动党的教育方针、党的思想政治教育政策落地生根的重要保障因素，也是开展思想政治教育队伍建设、学生管理、教育设施建设等的领导者和实施者。高校党委书记是思想政治教育工作第一人。因而，高校党委是思想政治教育工作质量评价工作的重要主体。

（二）管理主体职能

管理主体作为思想政治教育工作质量评价的组织者、领导者和实施者，肩负着把方向、聚资源、查问题的基本职能。这些职能的行使是这一工作得以顺利开展和完成的保障。

1.把方向

把握思想政治教育工作质量评估的大方向是管理主体的首要职能。一方面通过思想政治教育工作质量的评估，积极确保思想政治教育始终坚持马克思主义基本原理、坚持习近平新时代中国特色社会主义思想、坚持培育和践行社会主义核心价值观，为广大师生奠定科学的思想基础和正确的价值规范。另一方面是通过质量评估，引导广大青年学生"从我们党探索中国特色社会主义历史发展和伟大实践中，认识和把握人类社会发展的历史必然性，认识和把握中国特色社会主义的历史必然性，不断树立为共产主义远大理想和中国特色社会主义共同理想而奋斗的信念和信心②"，激励广大青年学生自觉把个人的理想追求融入国家和民族的事业中，勇做走在时代前列的奋进者、开拓者。

2.聚资源

人力、物力资源是开展质量评价工作的基础，因而为这一工作筹措和调动必要的人力、物力资源是管理主体的重要职能。首先是积极调动各级教育部门工作人员、高校思想政治工作人员和广大青年学生积极参与到整个评价工作当中，共同探讨思想政治教育工作

---

① 习近平在全国高校思想政治工作会议上强调 把思想政治工作贯穿教育教学全过程开创我国高等教育事业发展新局面[N].人民日报，2016-12-9.

② 习近平在全国高校思想政治工作会议上强调 把思想政治工作贯穿教育教学全过程开创我国高等教育事业发展新局面[N].人民日报，2016-12-9.

面对的主要问题，主动开展自我评价。其次是组织相关领域的专家，对思想政治教育工作中管理、授课、学习、教材编制等情况进行评比、考核、筛查，确保评价的专业性、系统性和合理性。最后是考查高校思想政治教育工作中的分配和使用，着重考核专项经费以及相关教育经费、科研经费、活动经费等资金的使用情况。

3. 查问题

思想政治教育工作质量评价的主要目的是以评促改。通过科学的评价发现工作中的成绩和不足，坚持问题导向，依据新时代高校思想政治教育工作的基本方针政策进行整改，是管理主体职责中的关键部分。一方面着重探究思想政治教育过程中，学生上课抬头率不高、网络不良思想渗透、青年学生思想多元化等问题。探讨这些问题的成因和对策。另一方面着重探讨思想政治工作者尤其是广大教师在授课方法、授课内容、授课技巧以及师德师风方面存在的不足，深刻剖析这些问题的原因，寻找有效对策。同时还要通过评比，分析影响教育效果的校园环境、社会环境和家庭环境存在的问题，寻求增加思想政治教育质量的整体合力。

（三）管理主体特点

管理主体既涵盖不同级别，也涉及多个部门，在工作中始终把握着基本的政治性和合理性原则，在特点上呈现出组成的多元性、评价的政治性和实施的科学性。

1. 组成的多元性

思想政治教育是一项系统性工程，其工作质量的评价也是一项系统工程，因而需要多个部门及其工作人员的配合。管理主体涵盖了教育部相关部门、地方党委和教育行政部门以及高校党委等部门，在质量评价过程中，职责各有侧重，职能互相衔接。就职责侧重点而言，教育部负责思想政治教育工作的相关部门，侧重从宏观上把握整个评价制度建设、评价体系构建、评价长效机制建设、人力物力资源的整体分配等，并对地方党委和政府以及高校党委贯彻落实党的教育方针，思想政治教育工作各项政策，思想政治教育的领导组织、保障条件、队伍建设等方面的情况进行评估。地方党委和政府侧重所辖区域内下属部门和各个高校组织机构完善情况，思想政治教育的经费、制度、保障条件建设和使用情况，教师队伍建设、教育基地建设和科研工作开展情况。就职能的衔接而言，教育部相关部门评比省级党委和政府以及直属高校的工作完成情况，地方党委和政府评比所属市、县和地方高校的工作完成情况，各个层次的高校党委则负责本校师生思想政治教育工作完成情况和思想政治教育效果。

2.评价的政治性

政治性是思想政治教育工作质量评价的最明显的特征，也是整体性的。评价工作的方向性和导向性决定了管理主体在整个工作中始终把政治性放在核心位置。这体现在以下几个方面：第一，评比过程中，着重考核各级党委和政府贯彻落实党的教育方针和贯彻落实习近平总书记关于全国高校思想政治教育精神情况，考核党委书记作为思想政治教育第一人责任落实情况，考核党委和政府在思想政治教育过程中队伍建设、资源分配、环境营造情况等。这些考核始终坚持清晰的政治性、方向性和党性。第二，高校党委作为管理主体，在评价过程中，对教材编订、教师授课、学生思想状况等的导向也始终以党在新时代的指导思想、基本方略方针政策为指导和准绳。

3.实施的科学性

管理主体作为思想政治教育工作质量评价的组织者、推动者和领导者，决定在整个工作进展是否顺利、结果是否有效，加之思想政治教育本身的复杂性、系统性和长效性，决定了管理主体必须对整个工作统筹考虑、合理布局、缜密计划。一是构建评价体系的科学性。制定评价体系是整个评价工作的关键，评价体系的构建需要确定合理的测评方法，选定科学的测评工具，拟定合适的一级指标、二级指标、三级指标，充分体现了科学性。二是资源配置的科学性。评比工作需要投入大量的人力、物力资源，管理主体在统筹和协调整个工作过程中，坚持人尽其才、物尽其用，使每一份资源都得到最佳配置，充分彰显资源分配的科学性。

二、高校思想政治理论课教学质量评价的教育主体

教育主体是在思想政治教育工作中，直接担负着青年学生党团

活动课堂教学心理健康等工作的思想政治教育队伍。教育主体有校党政干部和共青团干部、思想政治理论教师、辅导员、班主任和心理咨询师等，承担着价值观念、思想道德和专业知识等方面教育状况的评价职能，并呈现出直接性和自评性的特点。

（一）教育主体构成

习近平总书记指出，"长期以来，高校思想政治工作队伍兢兢业业甘于奉献、奋发有为，为高等教育事业发展作出了重要贡献。要拓展选拔视野，抓好教育培训，强化实践锻炼，健全激励机制，整体推进高校党政干部和共青团干部、思想政治理论课教师和哲学社会科学课教师、辅导员、班主任和心理咨询教师等队伍建设，保证这支队伍后继有人、源源不断"①。思想政治教育工作质量评价是思想政治教育的基本内容和重要促成因素，因而，思想政治工作队伍也同时构成了质量评价的教育主体。

1.校党政干部和共青团干部

代表广大青年学生、赢得广大青年学生、依靠广大青年学生，是我们党不断从胜利走向胜利的重要保证，攸关党和国家前途命运。青年强则国家强。广大青年学生也是实现中华民族伟大复兴中国梦的主要力量。校党政干部和共青团干部是将"党旗所指就是团旗所向""党领导青年"这些根本政治原则清醒、自觉、坚定地贯彻到团的全部工作和建设中的领导者，也是促使广大青年学生坚决维护习近平总书记党中央的核心、全党的核心地位，坚决维护党中央权威和集中统一领导，在思想上、政治上、行动上同以习近平同志为核心的党中央保持高度一致，使共青团始终成为党的忠实助手和忠诚后备军的关键组织者、引导者和服务者，因而在思想政治教育工作质量评价过程中，起着重要的作用。

2.思想政治理论课教师

思想政治理论课教师是思想政治教育工作质量评价的关键因素。思政课教师不仅是一系列党的教育方针政策的具体执行者，也是将思想政治教育内容通过不同方式传授给青年学生的实施者。思想政

---

① 习近平在全国高校思想政治工作会议上强调 把思想政治工作贯穿教育教学全过程开创我国高等教育事业发展新局面[N].人民日报，2016-12-9.

治教育工作质量评价中对教育方法、教育过程、教育效果的评比都与思政课教师密切相关。

3.辅导员、班主任

辅导员、班主任是青年学生在学习和生活中的师长和朋友，是教育者和服务者，与学生接触最为紧密和频繁，也对学生的思想状况、学习状况、身体状况最为了解，在思想政治教育工作的评价过程中尤为重要。

4.心理咨询教师

随着社会环境的复杂多变，以及学习、就业、感情、家庭等问题的压力逐渐增多，部分青年学生的心理问题也日渐突出。这些心理健康问题在不同程度上与价值观念有关，在心理问题疏导过程中，可以引导他们树立正确、合理的价值观念。

（二）教育主体职能

习近平总书记指出："教师是人类灵魂的工程师，承担着神圣使命。传道者自己首先要明道、信道。高校教师要坚持教育者先受教育，努力成为先进思想文化的传播者、党执政的坚定支持者，更好担起学生健康成长指导者和引路人的责任。"[①]教育主体在思想政治教育工作质量评价过程中，承担着对价值观念教育、思想道德教育和专业知识教育的评价。通过这些工作，积极引导青年坚定理想信念、练就过硬本领、勇于创新创造、矢志艰苦奋斗、锤炼高尚品格；引导青年勤学、修德、明辨、笃实，扣好人生第一粒扣子；引导青年爱国、励志、求真、力行，当好追梦者、圆梦人，努力把广大青年培养锻造成为担当民族复兴大任的时代新人。

1.价值观念教育的评价

让广大青年学生树立正确的价值观念，掌握马克思主义基本原理、方法、立场和观点，并以之指导自己的生活和工作，是思想政治教育工作质量评价的核心内容。因而，在评价工作中，不同教育主体对广大青年学生价值理想状况进行评价是其主要职责。首先，要通过考试、提问、竞答等途径，评价广大青年学生对马克思主义

---

① 习近平谈治国理政：2卷[M].北京：外文出版社，2017.

基本原理、毛泽东思想、中国特色社会主义理论体系等教材的学习情况。其次，要评价广大青年学生在参与党团组织活动当中的表现，通过评价掌握广大青年学生对党团组织的看法，对马克思主义基本原理尤其是马克思主义中国化最新成果理解和掌握的情况，以及将社会主义核心价值观内化于心、外化于行的情况，等等，对出现的问题，及时纠正。最后，要通过包括同辈团体、自媒体使用校内网络等途径，关注青年学生的日常言行，及时对那些观念错误的言行进行澄清、批评和教育。

2.思想道德教育的评价

习近平总书记指出，"思想政治工作从根本上说是做人的工作，必须围绕学生、关照学生、服务学生，不断提高学生思想水平、政治觉悟、道德品质、文化素养，让学生成为德才兼备、全面发展的人才"[①]。良好的道德品质是广大青年学生成长成才的前提，也是托付起时代梦想的基础。通过以评促改，增强广大青年学生的道德素养，成为教育主体的重要任务。一是评估学生对家庭美德、社会公德、职业道德等的理解、认识和内化情况，基本途径是通过理论考试测试对良好道德内容的认识、理解和倾向；通过课堂讨论掌握对道德失范问题的认识情况，及时纠正不良倾向。二是评估学生对爱国主义、集体主义的认识和内化情况。三是评估青年学生在应对困难挫折中所产生的心理问题，分析这些问题的危害和对策。

3.知识教育的评价

习近平总书记指出："只有培养出一流人才的高校，才能够成为世界一流大学。办好我国高校，办出世界一流大学，必须牢牢抓住全面提高人才培养能力这个核心点，并以此来带动高校其他工作。"[②]思想政治教育的目的既在于"立德"，也在于"树人"。培养德才兼备的人才是思想政治教育工作质量评价的基本目的。这就需要在评价过程中，通过考试、实践、竞赛等途径测评学生的专业知识的掌握情况，激励青年学生自觉把个人的理想追求融入国家和民

---

① 习近平在全国高校思想政治工作会议上强调 把思想政治工作贯穿教育教学全过程开创我国高等教育事业发展新局面[N].人民日报，2016-12-9.

② 习近平在全国高校思想政治工作会议上强调 把思想政治工作贯穿教育教学全过程开创我国高等教育事业发展新局面[N].人民日报，2016-12-9.

族的事业中。

（三）教育主体特点

教育主体长期处在教育工作第一线，对广大青年学生的思想状况、心理素质、知识学习等有着深入的了解，这些决定了其在思想政治教育工作质量评价过程中的直接性和自评性。

1.直接性

思想政治教育工作质量评价过程中，教育效果既是评价的核心内容也是重要目的。其一，课堂教学过程中，与学生互动的直接性。课堂教学是将马克思主义基本原理及其中国化最新成果和党的一系列新的方针政策讲授给学生的主渠道、主阵地。因而，授课教师不仅把握着如何将规定的内容讲授给学生，还决定着以什么形式、什么方法、什么程度讲授给学生；与此同时，还因为和学习主体的直接接触，能非常详细和有效地掌握学生的学习状态、思想状况、学习方法、接受知识中的偏好，并能洞察出学生学习中存在的突出问题和整体的不利于思想政治教育的思想动向，这些决定了教师作为教育主体在思想政治教育工作质量评价过程中的直接性。这种直接性不仅是掌握青年学生学习效果的直接性，还是作为教育主体把握教育过程的直接性。其二，是在党团组织和班级活动中，把握青年学生思想状况的直接性。学生对党团组织的态度、对党的一系列方针政策的认识、对基本政治问题的理解和看法，在日常党团活动和班级活动中得以展现。这就使得政工干部和辅导员对把握和评价学生思想状况具有了直接性。其三，在心理咨询活动中把握心理活动的直接性。心理咨询教师在和学生的深切交流中，以直接或间接的形式能够把握学生的心理问题，继而对其进行合理的评价。

2.自评性

思想政治教育工作队伍是做好思想政治工作的重要力量，也是推动整个评价工作的重要因素。作为教育主体，他们的自我评价是整体评价工作的重要部分。自我评价是教育主体对照思想政治教育效果进行自我测评。自我评价不仅可以探测出教育主体在思想政治教育工作中工作方法、工作态度、工作思路方面的不足，还可以评价自身在贯彻党的教育政策方面到位不到位、深刻不深刻、积极不积极等。授课教师可以通过学生的听课积极性、课堂讨论出现的问题、卷面测试的分数等方面评比授课效果是否理想。政工干部和辅导员通过学生参与党团活动和班组活动的积极性、参与社会实践的积极性和课后学生干部反映的日常生活问题，总结出自身哪些工作没有做到位。心理咨询教师可以通过学生的普遍性心理问题把握造成这些问题的共因，并通过跟踪调查反思自身工作的成绩与不足。

三、高校思想政治教育工作质量评价的学习主体

学习主体是指在思想政治教育工作质量评价过程中，作为授课、管理、环境的直接接受者、经历者和体验者，其看法、态度和感受在质量评价过程中始终起到重要作用的广大青年学生。作为主体，广大青年学生在评价过程中呈现出主体性、多样性和叛逆性。

（一）学习主体构成

广大青年学生是思想政治教育工作质量评价客体，同时也是主体。整个评价工作的核心目的是通过以评促改，增强思想政治教育工作的整体质量，进而提升广大青年学生的思想道德素质和专业知识能力，使其成为德智体美劳全面发展的社会主义建设者和接班人。这决定了广大青年学生不仅是思想政治教育工作质量评价的客体，也是整个工作中的重要主体。

（二）学习主体作用

广大青年学生在思想政治教育工作中具有特殊性，既是整个思想政治教育的对象，也是思想政治教育的主动参与者，这就决定了学习主体在思想政治教育工作质量评价中，对授课内容、管理方法和教育环境的好坏、优劣的看法和态度，对整个评价工作起着重要影响。

1.授课系统的评价

通过课堂授课，将马克思主义基本原理及其中国化最新成果详细、系统、全面地讲解给青年学生是高校思想政治教育的基本途径。学生作为学习主体，在思想政治教育工作质量评价中，对教师课堂

授课的内容及其方式方法有着基本的发言权。首先是授课内容的评价。学习主体对教师在讲解思想政治教育教材过程中，是否将马克思主义基本原理及其中国化最新成果的脉络、内容、意义等要点讲解透彻清晰，是否将新时代党的一系列方针政策讲解透彻进行评价，查找教师授课内容上的偏失。其次，授课方法的评价。学习主体对教师在授课过程中运用提问法、讨论法、情境转移法等教学方法的情况以及教师运用互联网自媒体、多媒体等教学手段的情况进行评价，督促教师在授课过程中寓教于乐。最后，是对师德师风的评价。师德师风是授课教师为人师表做好思想政治教育工作的基本前提，学习主体应对授课教师在遵守党纪国法、校纪校规、社会公德等方面的情况进行评价，促进良好师德师风形成。

2.管理方法的评价

学习主体是各级党委、政府和高校党委作为管理主体的最终的工作对象，对他们在管理目标、管理过程、管理效果上的优劣有着直接的感受，因而是对管理效果进行评价的重要参与者。一是对青年学生学习条件的管理情况的评价。主要是评价管理主体对学生尤其是特殊群体的资助，对学生在学费、食宿、图书馆等基本条件方面的补助和建设情况是否满足学习主体的需要，是否符合学习主体的特定要求。二是评价管理主体在思想政治教育队伍建设、师德师风建设、哲学社会科学教材建设等方面是否适合新时代复杂环境下的思想政治教育需要。三是评价广大青年学生在择业创业等方面的就业机会、保障条件、支持条件等方面所取得的成就和存在的不足。

3.教育环境的评价

营造良好的思想政治教育环境、提升思想政治教育的整体合力是增强思想政治教育质量的重要条件。学习主体对教育环境有着直接的体验和深切的感受，因而在评价过程中对教育环境的评价有着重要意义。第一，校园环境的评价。学风浓厚、积极创新、讲道德讲文明、师生关系融洽等良好的校园环境，不仅是学生安心学习的重要基础，也是学生身心健康成长的重要促进因素。学习主体要评价管理主体在校风校纪、校园文化、师德师风等方面建设的情况，查漏补缺、扬长弃短。第二，家庭环境的评价。父母是学生最好的老师。家庭环境不仅对学生的身心健康有着重要影响，还是其如何对待和接受马克思主义基本原理、方法和观点以及社会主义核心价值观等方面的重要影响者，因而家庭环境建设对思想政治教育同样重要。学习主体应对管理主体在家庭美德建设、家庭生活帮助、家长和教师之间沟通等方面所做工作进行评价，弥补管理主体在这一工作上的不足。第三，社会环境评价。随着多种社会思潮的泛起以及互联网和自媒体的广泛使用，社会环境对思想政治教育的影响逐渐加大，这就需要对管理主体在营造社会环境方面的状况进行评价。不仅要评价管理主体在网络环境政治、社会道德建设、社会思潮引导等方面的工作效果，还要评价其在爱国主义教育基地和红色旅游基地建设以及爱国主义节日活动筹备等方面的情况。通过这些评价，查找管理主体工作的不足，以推动其及时调整工作内容和方法，有效促进思想政治教育工作质量的提升。

（三）学习主体特点

广大青年学生作为学习主体，既有着主体性的特点，也呈现了价值、年龄、性格等方面多样性的特点，这些又决定了其叛逆性的特点。

1.主体性

思想政治教育的核心目的在于培养德智体美劳全面发展的社会主义建设者和接班人，使青年学生肩负起实现中华民族伟大复兴的中国梦的历史使命。思想政治教育工作质量的评价要义在于以问题为导向，以评促改，完善体制机制，促进这一目的的实现。因而，广大青年学生是管理主体和教育主体开展自身工作的最终指向。但是，这一过程中，广大青年学生不是被动的，而是主动的、积极的，因为每一个学习主体都在社会环境、家庭环境和同辈团体的影响下，具有了初步的价值和道德倾向。这在很大程度上影响着学习主体是否接受以及在何种程度上接受被传授的知识、被灌输的观念等，因此，评价工作的顺利开展，依赖于学习主体这一主体性的突出、依赖于青年学生的积极性、主动性和选择性被激发、被凸显、被尊重。

2.多样性

由于不同的青年学生受家庭环境影响较大，家庭环境又受社会阶层区域文化、民族风俗等方面的影响，学习主体在价值观念、思维方式、审美情趣等方面存在差异,而性别、年龄、性格等方面的因素又加剧这一差异。因此,在思想政治教育工作质量评价中,对其作为主体作用的发挥应该甄别这些差异,加以引导或扬弃,在多样性中总结出普遍性的问题,并对学习主体的特殊性加以适当关注。

3.叛逆性

学习主体处于一个价值观念、审美情趣、知识储备都逐步形成和定性的过程中,这种不成熟的状态决定了其作为学习主体在思想政治教育工作质量评价过程中的易变性。这主要体现在:首先,对授课内容评价的易变性。尽管在课堂上能对教师讲授的内容予以理解和掌握,但随着接触信息的多元化、不良社会思潮的影响,学习主体对马克思主义基本原理及其中国化最新成果的基本立场、观点和方法在认识上会出现偏差。其次,学习主体作为心智上不甚成熟的主体,在评价工作中,对将马克思主义基本观点、理论和方法内化为自身价值规范和行为模式这一过程存在叛逆心理,甚至将之视为一种束缚或者毫无意义,从而对评价产生不利影响。

第二节 高校思想政治教育工作质量评价的客体

高校思想政治理论课教学质量评价的客体是相对于思想政治教育主体而言的,是思想政治教育工作质量评价的对象,是评价影响的接受者和评价效果最主要的体现者。由于高校思想政治理论课教学质量评价主要是针对思想政治教育质量效果的评价,因此,凡是能直接或间接影响思想政治教育质量效果的要素在一般情况下都应被涵盖在高校思想政治教育工作质量评价客体这一概念范畴内,在这个意义上,高校思想政治教育质量客体是一个集合性的概念,其具体内涵要视不同的思想政治教育工作质量评价活动而定。

一、高校思想政治理论课教学质量评价的管理客体

思想政治理论课教学质量评价的管理客体主要是在思想政治教育工作质量评价过程中作为评价对象的行政管理机构和行政管理者。

各级管理机构和管理者既是思想政治教育工作的策划者、推动者、实施者和评价者，也是主要的评价、督查对象，因而既是主体也是客体，整体上呈现出能动性、不平衡性和不充分性等特征。

（一）管理客体的构成

思想政治教育工作质量评价的管理客体是指在进行思想政治教育工作质量评价时，作为被评价对象的行政管理机构和行政管理者。作为高校思想政治工作的管理客体，主要包括部、省、校、院（系）四个层面。部级层面，主要是教育部，相关管理职能主要由思想政治工作司、社会科学司等有关司局负责。省级层面，包括31个省（区、市）党委教育工作部门和新疆生产建设兵团教育局。校级层面，包括教育部直属高校、部省合建高校、其他部委所属高校、地方省属高校、职业院校以及民办高校等。院（系）层面，是指高校各学院（系）、各职能部门。

（二）管理客体的地位

管理客体肩负的相关管理职能，在思想政治教育工作中产生着重要影响，这就决定了管理客体在评价过程中的核心和重要地位。同时管理客体承上启下的现实形态也导致其在评价过程中处于既是主体又是客体的双重地位。

1.在评价中处于核心地位

从本质上而言，高校思想政治教育是一种由统治阶级自上而下开展的意识形态教育，各级管理机构是主要策划者、推动者、实施者、评价者，同时也是最主要的评价、督查、改革对象。因为管理质量高低、管理的科学化、规范化水平高低，在很大程度上决定了全国高校思想政治教育工作的整体质量和水平，其在顶层设计和体制机制层面上是影响高校思想政治教育工作质量最重要的因素。

2.在评价中处于双重地位

这里的双重地位就是指管理机构在进行高校思想政治教育工作质量评价过程中既是客体也是主体。因为在评价过程中，管理机构对于上级机构而言是被评价的对象，即评价客体，对于下级机构以及施教者、受教者而言是评价主体。在这样的评价体系中，如果缺乏完善有效的管理客体评价和激励机制，就易出现管理机构"上热、中温、下凉"的现象。因此，思想政治教育工作质量评价应以供给侧改革构建导向机制，以需求侧调适构筑动力机制，以管理层变革完善目标机制，遵循评价自身规律，认真分析各要素和关节之间的相互作用和联系，构建起科学的质量评价工作体系。

（三）管理客体的特点

管理客体既涉及不同层级，又包含多个部门，作为评价实践的对象和主体，呈现出能动性、不平衡性和不充分性等特征。

1.能动性

管理客体的能动性主要体现在两个方面：一方面，由于管理客体在评价中处于核心地位，是思想政治教育活动的推动者，其本身也在制定评价体系、完善激励机制和保障措施等方面发挥重要作用，在开展下级管理机构的质量评价过程中，具有很强的自觉性、主动性；另一方面，由于管理客体在评价中的双重地位，其被上级管理机构评价的过程也是自我评价、自我认识、自我调整的过程，在这一过程中表现出较强的自我调整能力、自我纠错能力。

2.不平衡性

目前，高校思想政治教育工作质量评价主要还是自上而下的评价，上级管理机构通过书面调研、实地督查等评价下级管理机构以及施教者、受教者，而下级管理机构以及施教者、受教者尚未形成切实高效的途径载体、方式来评价上级管理机构，这就造成了评价的不平衡、不对等。当然在现实操作层面，这种不平衡是不能被完全克服的。正所谓"知屋漏者在宇下，知政失者在草野"。为了更多地体现民主和民意，得到更多真实的意见建议，应在拓展和丰富下级管理机构以及施教者、受教者对上级管理机构的评价方面下功夫。

3.不充分性

所谓不充分性是指管理客体的评价体系还不完善，尚未形成一个完整的、系统的、科学的、规范的体系。整体上而言，现在还没有针对教育部等相关部委的思想政治教育工作质量评价体系，也缺少针对院系层面的思想政治教育工作质量评价体系。这就相当于缺少了对于"最先一公里"和"最后一公里"的评价。如在教育部层面，除了思想政治工作司、社会科学司等主责司局外，高校思想政治教育工作还涉及教材局、高等教育司、政策法规司、体卫艺教育司、民族教育司、教师工作司、研究生教育司等相关司局。虽然在教育部出台的《全国高校思想政治工作会议精神实施方案》中，已经将全国高校思想政治工作会议精神和《中共中央国务院关于加强和改进新形势下高校思想政治工作的意见》主要内容分解为九大类108项任务，并明确了各相关司局的任务书、路线图和时间表，建立了司局间定期函商机制。但是，工作方案和任务分工不能等同于质量评价体系，在教育部内部如何开展思想政治教育工作质量评价仍是一个难题。同样，虽然教育部开展的"三全育人"综合改革试点中，已将部分高校院系纳入试点，并明确了试点的建设标准，但对于各院系尚缺乏相应的完整的评价体系。从内容上来看，对于少数民族学生思想政治教育、民办高校思想政治教育等薄弱环节，还缺乏相应的系统、科学、规范的质量测评评价体系，并且现有的测评评价体系距离习近平总书记在全国教育大会上强调的"要把立德树人融入思想道德教育、文化知识教育、社会实践教育各环节，贯穿基础教育、职业教育、高等教育各领域，学科体系、教学体系、教材体系、管理体系要围绕这个目标来设计，教师要围绕这个目标来教，学生要围绕这个目标来学"的要求，仍有一段不小的距离。这就要求在高校思想政治教育工作质量评价中，应摒弃一些不再管用的观念和做法，敢于打破思维定式，直面矛盾问题，推动高校思想政治教育工作体制机制、内容形式、方法手段的创新，切实将习近平总书记系列重要讲话精神转化为工作思路和政策举措，不断增强工作的吸引力、感染力、说服力。

二、高校思想政治教育工作质量评价的施教客体

高校思想政治教育工作质量评价的施教客体作为思想政治教育工作的重要实施者，在思想政治教育工作中起着教育引导、答疑解惑、德行培育的重要作用，呈现出原则性、专业性、表率性等特征。

（一）施教客体的构成

施教客体有广义和狭义之分。从广义上看，高校思想政治教育工作贯穿于教育教学全过程、人才培养各环节，高校全体教职员工都肩负着思想政治教育的职能，都属于思想政治教育工作质量评价的施教客体。2017年12月，教育部出台了《高校思想政治工作质量提升工程实施纲要》，强调以"课程、科研、实践、文化、心理、网络、管理、服务、资助、组织"这"十大育人"为核心，开展"三全育人"综合改革试点，努力构建内容完善、标准健全、运行科学、保障有力、成效显著的高校思想政治工作体系，推动全体教职员工把工作的重心和目标落在育人成效上，真正打通育人"最后一公里"。此外，从思想政治教育的实施过程来看，学生一定程度一定场合下也扮演了自我教育、自我管理的教育者角色。所以，最广义的高校思想政治教育工作质量评价的施教客体既包括高校全体教职员工，也包括广大学生。从狭义上看，高校思想政治工作队伍是思想政治教育工作质量评价的施教客体，具体包括高校党政干部和共青团干部、思想政治理论课教师和哲学社会科学课教师、辅导员、班主任和心理咨询教师等人员。在目前的思想政治教育工作质量评价体系中，更多的是指狭义的思想政治工作队伍。但是，随着党中央对高校思想政治工作的重视程度越来越高，立德树人工作成为衡量高校各项工作的第一标准。这就要求我们坚持问题导向，坚持改革创新，坚持与时俱进，在进行思想政治教育工作质量评价中，将广义的思想政治教育施教者纳入其中，将狭义的思想政治教育施教者作为重点考核对象，做到既全面又突出重点，着重要求思想政治教育施教客体坚持教书和育人相统一，坚持言传和身教相统一，坚持潜心问道和关注社会相统一，坚持学术自由和学术规范相统一。

（二）施教客体的作用

在思想政治教育的过程中，施教客体发挥着重要的教育引导、答疑解惑和德行培育作用，因而是高校思想政治教育工作质量评价必须予以关注的重要客体。

1.教育引导作用

思想政治教育施教者在整个教育过程中具有理论传授和引导的作用。正确的理论指导是人们开展各项实践活动的前提和基础，思想政治教育施教者承担着传播先进思想和科学理论的重要职责，坚持育人导向突出价值引领。在教育教学过程中，着重开展马克思主义中国化最新成果宣传教育，加强党的基本理论、基本路线、基本纲领和基本经验教育以及党史宣传教育，并利用重要节庆日、重大事件开展爱国主义教育、民族团结进步教育和时代精神教育。在进行思想政治教育的过程中，施教者有责任向受教者灌输先进思想和科学理论，引导受教者在思想认识和行为取向上朝着正确的方向发展。

2.答疑解惑作用

"师者，所以传道受业解惑也。"思想政治教育的施教者承担着对受教客体开展思想政治教育和答疑解惑的责任，应指导学生运用马克思主义的观点、立场和方法解决现实生活中的问题，教导学生运用正确的价值观念来看待社会问题、解释社会现象。

3.德行培育作用

思想政治教育施教者承担着向施教对象传播主流意识形态，使教育对象了解、接受社会主流意识形态的内容与要求，使受教者不仅能认同主流意识形态，还能自觉将其转化为行为，进而提高其思想政治素质。思想政治教育施教者的目标在于通过教育实践，使受教者的思想行为不断趋向社会主流意识形态要求的方向。

（三）施教客体的特点

施教客体作为高校思想政治教育工作质量评价的重要对象，其自身具备的原则性、专业性和表率性等特征是质量评价考量的重要指标。

1.原则性

在思想政治教育工作质量评价过程中，施教客体自身应坚持党的教育方针、基本政策和思想，具有坚定的理想信念和价值追求，不断加强对党的教育思想的学习和传播。思想政治教育是一项具有极强的意识形态性的工作。思想政治教育工作质量评价必须坚持正确的政治方向，以巩固马克思主义在高校意识形态领域的主导地位。在经济全球化、信息网络化的时代，多元化的价值观念冲击受教者的价值观和判断力，特别是改革开放以来，在经济迅速增长的同时，多元文化观念的交锋愈加激烈，时代的变迁促使施教者处于更加复杂多变的环境。习近平总书记曾指出，我国高等教育发展方向要同我国发展的现实目标和未来方向紧密联系在一起，为人民服务，为中国共产党治国理政服务，为巩固和发展中国特色社会主义制度服务，为改革开放和社会主义现代化建设服务。因此，思想政治教育工作质量评价施教者应紧紧围绕培育时代新人的要求，坚持以习近平新时代中国特色社会主义思想为指导，以立德树人为根本，以理想信念教育为核心，以社会主义核心价值观为引领，重点对受教者进行思想政治教育，引导大学生接受主流价值观念，引导大学生运用马克思主义的基本原理，在是非善恶面前做出正确判断，保证思想政治教育的各个环节正确发展。

2.专业性

一是思想政治理论课教师具有熟练掌握运用马克思主义原理、中国特色社会主义理论专业知识的能力。二是辅导员、班主任深入了解把握思想政治教育的学术前沿和学术思想。三是心理咨询教师具有利用专业知识对学生进行引导的能力。施教客体的专业性来源于对本学科知识以及党的理论成果的熟练掌握。党的思想理论具有与时俱进的优秀品质，新的时代和国内外形势的不断变化，决定了党的思想理论也要跟上时代的发展并不断注入新的活力。这也决定了思想政治教育的施教者应紧跟时代发展的要求，把握社会发展规律，不断更新自身的理论体系和知识结构；应根据学生成长成才的特点，结合马克思主义理论研究和建设工程重点教材、高校思想政治理论课统编教材等，深入浅出地进行教育。

3.表率性

主要是指在思想政治教育过程中施教者以身作则，以良好的道德水平对学生进行言传身教，成为学生学习的典范。孔子曰："其身正，不令而行，其身不正，虽令不从。"教育过程不仅是言传的过程，更要注重身教。学高为师，身正为范。作为思想政治教育的施教者，不仅要有渊博的知识体系能为学生答疑解惑，更要用高尚的道德情操感染学生。施教者以思想政治表现和育人功能发挥作为首要指标，不忘立德树人初心，牢记人才培养使命，将更多精力投入到教书育人工作上。坚定自身对马克思主义的信仰，拥护中国共产党的领导，时刻注意自身的言行举止，在思想和行动上起到表率作用。

三、高校思想政治教育工作质量评价的受教客体

高校思想政治教育工作质量评价的受教客体作为思想政治教育对象，其思想政治素质、道德素质、文化素质和身心健康素质是质量评价关注的重要方面。不同的时代背景和教育环境也决定了以95后大学生为主的受教客体呈现出视野开阔、环境优良和性格更为可塑等特征。

（一）受教客体的构成

高校思想政治教育工作质量评价的受教客体是指在高校思想政治教育的过程中，施教客体进行教育和教育环境施加影响的对象。具体而言就是思想政治教育对象，特别以95后、00后大学生群体为代表，这一群体呈现出鲜明的特征。

（二）受教客体的素质

2014年5月4日，习近平总书记在同北京大学师生代表座谈时对广大青年提出了具有执着的信念、优良的品德、丰富的知识、过硬的本领等四点要求。2016年12月7日，习近平总书记在全国高校思想政治工作会议上的重要讲话中指出，思想政治工作从根本上说是做人的工作，必须围绕学生、关照学生、服务学生，不断提高学生思想水平、政治觉悟、道德品质、文化素养，让学生成为德才兼备、全面发展的人才。

2017年5月3日，习近平总书记在考察中国政法大学时指出，青年要坚定理想信念、树立崇高志向；要自觉励志勤学、刻苦磨炼；要训练思维方法、提升思维能力；要磨砺意志品质、锤炼高尚品格。2018年5月2日，习近平总书记在北京大学师生座谈会上的重要讲话中鼓励广大青年要爱国、励志、求真力行。同年9月10日，习近平总书记在全国教育大会上的重要讲话中又强调，要在坚定理想信念上下功夫、在厚植爱国主义情怀上下功夫、在加强品德修养上下功

夫、在增长知识见识上下功夫、在培养奋斗精神上下功夫、在增强综合素质上下功夫六大要求。习近平总书记的这些重要论述，明确提出了青年学生德才兼备、全面发展的系列要求，从青年学生的理想信念、爱国情怀、品德修养、知识学习、意志品质、综合素质等方面进行了深刻论述、系统阐释，为我们评价思想政治教育受教客体的素质提供了根本遵循。因此，思想政治教育工作质量评价是一个长效性的评价，评价内容应符合新时代党和国家对高校人才培养的要求，以及大学生成长成才的需要。虽然随着实践的发展和学科建设的深入推进，评价的内容可能不断增加，但评价的最终目的均在于对思想政治教育系统内部各要素的调控，以实现系统整体的最优化。因此，对受教客体的评价主要从思想政治素质、道德素质、文化素质和身心健康素质四个方面进行。

1.思想政治素质

思想政治素质是思想政治教育工作质量评价的受教客体首要的素质，是中国特色社会主义事业接班人应具有的重要素质。主要包括两个方面：首先，受教客体应具有正确的政治立场，即坚持中国共产党的立场和坚持以人民为中心的立场。中国共产党是中国工人阶级的先锋队，同时是中国人民和中华民族的先锋队，是中国特色社会主义事业的领导核心，始终代表中国先进生产力的发展要求，代表中国先进文化的前进方向，代表中国最广大人民的根本利益，党的立场和人民的立场是完全一致的。因此，受教客体首先应具有正确的政治立场。其次，受教客体应具有一定的马克思主义理论素养，养成历史思维、辩证思维、系统思维、创新思维等思维习惯。也就是通过接受系统的思想政治教育，学会用马克思主义的立场、观点、方法，分析和解决现实生活中遇到的一些综合性、深层次的理论和认识问题，能够正确认识世界和中国发展大势，正确认识中国特色和国际比较，把握历史和时代的发展方向，提高甄别是非曲直、善恶美丑的能力，自觉抵制错误思想和社会思潮的侵蚀，树立中国特色社会主义共同理想和共产主义远大理想。

2.道德素质

良好的道德品质是受教客体应具备的基本素质之一。正确的道德观有助于受教客体把正确的世界观、人生观和价值观转化为具体的思想行动。因此，受教者应接受良好的道德素质教育，使其在理想信念、人生目标和道德标准等方面形成正确的感知和认同。道德素质最主要的测评标准，就是要培育和践行社会主义核心价值观。社会主义核心价值观在公民层面倡导"爱国、敬业、诚信、友善"。这四点要求可以作为受教客体的道德素质的主要测评点。其中，就衡量高校思想政治教育实效性而言，爱国是道德素质中最主要的测评点。习近平总书记在多个场合、多次重要讲话中都重点强调，爱国是人世间最深层、最持久的情感，是一个人立德之源、立功之本，号召青年要把自己的理想同祖国的前途，把自己的人生同民族的命运紧密联系在一起，扎根人民、奉献国家。

3. 文化素质

文化素质是大学生成长成才的基础。文化素质主要体现在知识水平、个人素养及能力等方面，进而表现为特定的心态、价值观念和行为举止。随着我国教育水平的不断提升，受教客体的文化知识水平、艺术修养、科学知识的掌握程度等较以往都有了显著提升。对受教客体的文化素质的测评可以分为四个维度：第一个维度是文史素养。主要是传承和弘扬中华优秀传统文化、革命文化、社会主义先进文化教育，全面了解党史、国史、改革开放史、社会主义发展史。第二个维度是法律素养。主要是掌握基本的宪法和法律知识，树立正确的法治观念，养成尊法、学法、守法、用法的良好习惯。第三个维度是科学素养。主要是掌握基本的科学知识，培养科学精神和科研素养。第四个维度是美学素养。主要是掌握基本的美学知识，能够自主开展基本的艺术认知、鉴赏与实践活动具有发现、感知、欣赏和评价美的审美能力，拥有健康的审美情趣。

4. 身心健康素质

现代社会环境下，经济高速发展所带来的复杂性和多变性，使得多元价值观的碰撞与冲击，在不同程度上对受教客体产生强烈的身心震荡特别是物质条件的相对优越、家庭成员的精心呵护，使得部分青年学生面对挫折困境时自我调节能力较低，环境适应力和沟通能力较差，出现一些心理失衡和心理疾病时不能及时调节和排解，甚至造成一些负面影响。身心健康素质是受教客体应具备的基本素质，也可以从两个层面来测评。首先是身体健康。身体是革命的本钱，是学生成长成才的基本条件。要树立健康第一的理念，为学生体育活动提供场地、时间、师资、营养保障，减轻学生课业负担，提高学生体育锻炼质量，让学生在体育锻炼中享受乐趣、增强体质、健全人格、锤炼意志。其次是心理健康。它要求受教客体应适当地学习和掌握疏解心理压力和预防心理疾病的知识和方法，学会自我调节，优化心理素质，能够正确认识时代责任和历史使命，正确认识远大抱负和脚踏实地，拥有理性平和、积极向上的健康心态，具有自强不息、百折不挠的奋斗精神，保持乐观向上的人生态度，实现心理健康素质与思想道德素质、科学文化素质协调发展。

（三）受教客体的特点

受教客体的特点是指思想政治教育工作质量评价的教育对象区别于思想政治教育工作质量评价其他客体的独特之处。高校思想政治教育工作质量评价受教客体的时代环境和教育环境决定了其具有如下特点：

1.视野的开阔性

高校思想政治教育工作质量评价的受教客体不是一个静止的概念而是一个动态的发展客体，随着主体和时间的变化而变化，具有时代性的特征。大学生群体，特别是95后、00后大学生群体是新时代思想政治教育工作质量评价的受教客体的主要对象。他们不仅拥有青春期大学生的共性特点，同时还受到时代背景影响，有着自身独特的思想、行为方式和年龄特点。例如，思维多元化，视野开阔，在网络媒体普及的时代，其接受的信息量和信息渠道都决定了他们视野的开阔性和见解的独到性。

2.环境的优良性

当前，高校思想政治教育工作质量评价的受教客体以95后、00后大学生群体为主。这一代大学生，成长在"两个一百年"奋斗目标的历史交汇期，成长在中华民族从"富起来"到"强起来"的新时代，其人生发展的黄金期与实现中华民族伟大复兴的关键期高度耦合，时代注定了他们要成为实现中华民族伟大复兴中国梦的建设者、见证者和受益者。高校思想政治教育的根本任务，就是要培养德智体美劳全面发展的社会主义建设者和接班人，培养能够担当民族复兴大任的时代新人。新的时代背景和伟大的历史使命，决定了受教客体特定的成长环境，其主要包含现代社会的物质环境和精神环境，其中物质环境决定和制约了精神环境；精神环境反映和反作用于物质环境。现代社会物质环境的发展为受教客体的成长成才提供了坚实的物质基础。随着我国经济的发展，精神文明建设也不断提升。精神文化水平的不断提升，良好的社会风尚为受教客体起到了示范作用，为其接受和认同正确舆论，不断提升个人道德水平，营造出风清气正的良好社会氛围。

3.性格的可塑性

高校思想政治教育工作质量评价的受教客体处于价值观形成的重要时期，具有极强的可塑性。在这一关键时期，其表现出极强的主观能动性，即在接受思想政治教育的过程中，受教客体不是消极被动的，而是有目的、有选择的。习近平总书记多次强调，青年是社会上最富活力、最具创造性的群体，是锐意进取、开拓创新的时代先锋；青年学生富有想象力和创造力，是创新创业的有生力量。他们善于接受和吸纳新鲜事物，特别是网络新媒体的出现，对他们的思想产生冲击和影响。通过系统的思想政治教育活动，有助于受教客体不断提升自身能力与素养。

第三节 高校思想政治教育工作质量评价的主客体互动

从系统论的观念来看，思想政治教育工作质量评价是一个动态的、复杂的系统，在高校思想政治教育工作质量评价这个大系统里，评价主体和评价客体是子系统，而子系统内部又有诸多因素相互作用、相互制约，影响着思想政治教育活动的质量。

一、管理过程中的主客体互动

从管理过程来看，高校思想政治教育工作质量评价的主客体互动主要是指党委和国务院的宣传或教育主管部门、地方党委和政府、高校党委管理机构在行使评价职能时与评价客体系统内部诸要素的互动。评价主体对评价客体行使监督、指导、评价的职能，评价客体接受评价主体的监督、指导，但评价客体不是完全处于被动接受的地位，而是与评价主体在制度建设、环境营造、组织协调、条件构筑过程中有双向的互动。

（一）制度建设过程中的主客体互动

制度具有广义与狭义之分，狭义的制度是指相关人员共同遵守的办事规程或行动准则。广义的制度是指在一定历史条件下形成的政治、经济、文化等方面的体系如社会主义制度。①本书特指前者。"没有规矩不成方圆"，制度建设的重要性不言而喻。2017年2月，中共中央、国务院印发《关于加强和改进新形势下高校思想政治工作的意见》指出："要健全高校思想政治工作评价体系，研究制定内容全面、指标合理、方法科学的评价体系，推动高校思想政治工作制度化。"②评价制度的建设，有利于推进思想政治教育工作的制度化。

1. 制度建构过程中的主客体互动

评价主体在制度建设中起着主导作用，规定着制度建设的方向，以及其中所蕴含的价值判断。但评价客体对评价制度的认同，是评价制度得以顺利贯彻执行的前提。这就需要主体在制度建设中，与客体不断互动达成共识，确保制度的科学性、适用性。思想是行动的先导，评价主体要营造良好的舆论氛围，使各方相关人员认识到评价制度建立的紧迫性、重要性，吸引评价客体积极关注评价制度的建设。评价主体需要在制度建设过程中充分与评价客体交流沟通，如可以通过学术交流研讨会、走访座谈、实地考察、信息统计等方式，及时把一线思想政治教育实践经验，归结为评价制度创新的基本要素。

2. 制度执行过程中的主客体互动

制度制定并未完成制度建设过程，还必须抓好制度执行工作。

---

① 辞海[M].上海辞书出版社，1999：1756.
② 中共中央、国务院印发《关于加强和改进新形势下高校思想政治工作的意见》[N].人民日报，2017-02-28.

在建好制度的基础上，加强对制度的宣传，使评价客体增强制度意识，增强崇尚制度的理念。同时也要加强执行制度的过程管理，加强对制度落实情况的跟踪抽查检查，掌握评价客体的思想政治教育的实际情况，并形成相关的反馈报告，为进一步深化评价制度，提高评价制度的科学性、实效性提供参考。如2014年5—7月，中宣部、教育部对部分省（区、市）和高校开展大学生思想政治教育工作测评情况进行抽查，通过跟踪抽查，两部基本掌握了各地各高校测评体系贯彻落实的主要成效及存在问题，并形成《全国大学生思想政治教育工作测评报告》，为高校思想政治教育工作质量评价研究的进一步深化与构建新的评价体系，提供了重要参考。

（二）组织协调过程中的主客体互动

高校思想政治教育工作质量评价是一个动态的、复杂的系统，这就需要对各系统、系统内部各因素进行组织协调，调动各方面的资源和力量形成合力，落实全员全过程全方位措施。其中评价主体系统占据主导地位，通过履行计划、组织、指挥、控制等管理职能，协调各组成要素，对评价客体进行有效指导、监督，形成协同育人的工作格局。在组织协调过程中，评价主体和评价客体的双向互动，有利于协调各方，发挥系统合力，推进思想政治教育的创新发展。

具体来说，国家相关职能部门通过对党和国家思想政治教育相关政策的制定与解读、思想政治教育计划的推行等对全国高校思想政治教育进行指导与服务。各地各高校按照上级工作部署，开展相关工作，协调系统内部各因素，把握该校该地区思想政治教育工作质量的整体情况，总结经验，查找不足，制定落实整改措施。在组织协调过程中，评价主体对评价客体的指导并不是单项输出的过程，而是高度互动的过程。评价客体作为一线教学活动日常思想政治教育活动的组织者和管理者，掌握了大量相关信息，积累了丰富的实践经验，为高校思想政治教育工作的创新发展提供了条件和可能。教育主管部门加大各项工作的基层调研和意见征求力度，认真听取好的建议和想法，积极挖掘好的经验和做法，作为制定政策的依据和参考。

(三）条件构筑中的主客体互动

条件构筑中的主客体互动，是指评价主体系统为保障评价客体系统的思想政治教育质量所构筑的一系列条件及二者在其中的互动。具体来说，教育主管部门为保障高校思想政治教育工作质量所做出的决策和举措，以及这些举措和决策对高校思想政治教育工作各因素（主要是指高校思政教育工作者、学生、教育环境等因素）的影响以及收到的效果和反馈。评价主体对评价客体的条件构筑，主要体现在颁布一系列政策文件对各地各高校的思政工作进行宏观指导，同时评价客体作为地区和高校的管理主体，根据政策文件，结合本地本校实际，做出相关举措，提升思想政治教育工作质量。条件构筑过程中的主客体互动表现在以下方面：

评价主体完善政策法规，强化引领作用。近年来，党和国家对高校思想政治教育工作的重视程度不断加强，教育主管部门也不断出台相关政策来完善法规，加强引领作用。如2014年3月，教育部印发《高等学校辅导员职业能力标准（暂行）》（教思政〔2014〕2号），职业能力标准的研制强化了辅导员队伍建设的政策导向，为政府、高校和各级部门推进辅导员队伍建设提供了基本依据。

评价客体积极搭建平台，加强队伍建设。评价客体通过多种形式搭建平台，加强队伍建设。例如，加强思政教师队伍建设：大力培育领军人才，在"长江学者奖励计划"中，加大对思想政治教育相关领域高层次人才倾斜支持力度。强化项目支持引领，实施"高校思想政治工作中青年杰出人才支持计划"，支持出版理论和实践研究专著，培育一批高校思想政治工作精品项目，建设一批高校思想政治工作名师工作室。而队伍建设的加强，工作队伍中先进分子、先进典型的涌现，也会起到辐射、引领、示范的作用，从而推动高校思想政治教育工作质量的提升。

二、教学过程中的主客体互动

目前，对教学过程的定义纷繁复杂，但所有的定义都离不开教师的教和学生的学，教学过程是由教师的教和学生的学所组成的

"双边"活动过程。教师和学生是教学过程中的两个重要因素。从教学过程来看，在思想政治教育工作质量评价的主客体互动中，教师和学生互为评价的主客体。一方面，教师作为教学活动的主体，对学生之学进行评价，教师对学生的学习成绩、学习过程、学习态度、学习情感与策略进行评价。在这一过程中，教师为评价主体，学生为评价客体。另一方面，学生作为教学活动的客体，在某种意义上也是教学活动的主体，具有主观能动性，反作用于教育者和教育内容、教育方式等，如学生进行的评教活动、学生的口头评价、投票选举最美教师等活动。在这一过程中，教师是评价客体，学生为评价主体。需要指出的是，不论是教师作为评价主体还是学生作为评价主体，他们并不是相互独立、割裂的，而是互为依存，不断转化，统一于教学过程这一整体。

（一）课堂教学过程中的主客体互动

2016年12月，习近平总书记在全国高校思想政治工作会议上指出"要用好课堂教学这个主渠道，思想政治理论课要坚持在改进中加强，提升思想政治教育亲和力和针对性，满足学生成长发展需求和期待。"[1]进一步明晰了课堂教学在高校思想政治教育工作中的重要地位与作用。

教师通过与学生的沟通交流，了解学生关注的热点话题，为增强课堂的互动程度做好提前准备。在课堂教学过程中，教师广泛运用启发式、参与式、互动式、研究式、案例式等教学方法，利用新媒体等现代化教学手段，采用诊断性评价、形成性评价、终结性评价等评价方法，对学生的学习状态、学习效果、学业成绩等方面进行评价。教师作为评价主体进行评价的过程，也是学生作为评价客体，参与课堂教学、反馈教学信息、体现教学效果的过程。教师根据学生学习的客观实际，不断改进教学方法、采取相应措施，达到改善教育活动及其成果的目的。教师对学生评价的过程，也是教师对自己课堂教学进行自我评价的过程，此时教师既是评价的客体，又是评价的主体。随着学生学习主体地位的确立，在教学过程中，

---

[1] 习近平在全国高校思想政治工作会议上强调 把思想政治工作贯穿教育教学全过程开创我国高等教育事业发展新局面[N].人民日报，2016-12-9.

学生也会对教师的教学过程进行评价,如组成学生评议小组,定期开展课程评价活动;聘请学生信息员,每学期对教师的教学情况进行评价;学生口头评价;自主选课,直接评教;等等。学生作为评价主体可以最大限度地反映教师教学的平常状态,为改进教学、判断教学效果提供依据。学生作为评价主体,既评教师的教,也评自己的学,此时学生既是评价主体,也是评价客体。

在课堂教学过程中,教师和学生互为评价的主客体,相互依存,不断转换,统一于整个课堂教学过程中。教学过程的评价不是为"评"而"评",而是在适应现代化教学的需要中,以"评"促"建"。通过教学过程中的主客体互动,可以及时反映学生的思想动态和出现的问题,促使教学与时俱进,及时回应青年学生关心和关注的问题,用充满时代气息的思想予以引领,从而达到提高教学质量的目的。

(二)实践教学过程中的主客体互动

这里所说的实践教学,是与课堂教学相对应的概念。课堂教学以理论传授为主,注重提升大学生的马克思主义理论素养,解答当代大学生的思想困惑;实践教学以实践为主,侧重解决大学生在学习生活中遇到的实际问题。但课堂教学和实践教学不是割裂的,课堂教学中也有教学实践,实践教学中也存在着理论灌输。

在实践教学过程中,辅导员、班主任等教育工作者,是实践教学活动的发起者、组织者,在实践教学过程中起着主导作用。即教育工作者按照学校的相关规定和要求,以思想政治教育实践基地、党团建设、专业课实习等实践活动为载体,组织学生进行相关的教学实践活动。对于实践教学中存在的问题和学生出现的困惑,教育者给予指导和解释。教学实践过程结束后,教育者对受教育者及其实践教学过程进行评价,总结反思。从这个过程来看,教育者是评价主体,受教育者是评价客体。教育工作者要增强实践教学的实效,需要促进自身与大学生之间的平等对话、互相理解、彼此沟通和教育合作,加强彼此之间的互动。

同时,实践教学突出其实践性,教育者虽然在实践教学过程起着指导作用,但受教育者也直接参与实践教学活动。实践教学是否促进受教育者的健康成长，是否提高了受教育者的精神境界，受教育者最有发言权，这就需要把受教育者作为日常思想政治教育的评价主体。实践是人的存在方式，实践是以人为主体的，受教育者作为实践的"人"，对教育者的实践教学活动形式及其意义进行评价。同时，实践作为主观见之于客观的活动，也是实践主体不断发展自己、完善自己的过程。受教育者在实践过程中，也会不断进行自我评价，对实践活动进行实时的反思和省悟，通过不断的感悟、自省，增强对理论的认知，在进一步认知的基础上开启新的实践。通过不断的认识—实践—再认识—再实践循环往复的过程，深刻体会、理解和深化理论，最终形成较稳定的道德素养。

（三）言传身教过程中的主客体互动

2016年12月，习近平总书记在全国高校思想政治工作会议上提出了"四个相统一"，即坚持教书和育人相统一、坚持言传和身教相统一、坚持潜心问道和关注社会相统一、坚持学术自由和学术规范相统一，引导广大教师以德立身、以德立学、以德施教。可见言传身教是高校思想政治教育工作的题中之义。言传主要是传播理论、思想、观点，身教主要是以实际行动昭示和做出榜样，二者不可相互代替，有机统一于思想政治教育过程中。

教育者把理论讲明白、讲彻底是高校思想政治教育深入人心的内在要求。要想把理论讲彻底，就需要思想政治教育者掌握一定的方式和方法。首先，要深入浅出，贴近青年学生的生活实际，事理结合，通俗易懂；其次，要具有严谨的逻辑思维，有扎实的理论功底，使用概念科学，判断准确，以逻辑的力量征服人；最后，要有较强的语言表达能力，力图使语言准确、生动、有趣、通俗、幽默。把道理讲透彻，使学生听之如饮甘泉、如沐春风，言传才能达到良好的教育效果。反之，讲课沦为概念文字的简单堆砌，学生听之无味，甚至产生厌烦、抵触情绪，很难达到教育效果。同时，言传具有其内在局限性，而行为方式可以产生潜移默化的影响。因此，在高校思想政治教育中须重视身教的作用。所谓身教，是指教育者言行一致，以自己的实际行动产生教育影响。也就是说作为一定思想观念、政治观点、道德规范的倡导者，教育者要以身作则，努力践行自己所倡导的价值观念和道德规范，以自身的模范行为感染和激励教育对象，形成教育力量，提高思想政治教育的实效性。言传身教也是教育者与受教育者的双向互动过程。一方面，教育者通过自身的言行对受教育者产生作用，向其灌输、示范符合社会要求的思想政治品德，在这一过程中，教育者是教学活动和评价活动的主体。另一方面，受教育者的言行对教育者及其教学过程产生反作用，在这一过程中，受教育者反观教育者及其教学活动，成为评价主体。

（四）环境熏陶过程中的主客体互动

思想政治教育过程中的环境熏陶是指教育者充分利用受教育者周围的教学环境以及教育者自身创造的教育情境，对受教育者进行熏陶和感染，使受教育者在潜移默化中提升思想政治品德的方法。受教育者受环境熏陶的过程并不是一个消极被动地接受外部环境的过程，而是受教育者能动地自觉地吸收环境中的教育因素，并内化为自身素质构成的过程。可见，在环境熏陶视域下，思想政治教育主客体也是一种双向互动关系。

良好的人际环境是一种平等、民主的人际环境，这种良好的人际环境是在主客体良性互动中构建的。思想政治教育工作者充分尊重学生、了解学生，用欣赏的眼光看待学生，学生的存在感、主体性特征则会增强思想政治教育过程中民主、平等的良好人际环境的构建，实际上是环境因素通过教育主客体人际关系上的互动这一实践形式将思想观念、价值观点等逐步渗透于学生的意识和行为中，影响其思想政治品德形成、发展的过程。文化环境的内涵丰富，对高校思想政治教育而言，校园文化环境的意义尤为凸显。校园文化是学校群体价值观的集中体现，积极向上的校风、优良的学风、文明守纪的班风，以及形式多样、健康开放的校园文化活动，有助于为思想政治教育及其质量评价营造良好的文化环境。高校思想政治教育工作者可通过校园网、官方微信、校园广播、系列主题教育活动等深化与青年学生的互动，推动思想政治教育及其质量评价的实现。

三、学习过程中的主客体互动

从学习主体的视角来审视外化和内化的互动过程,表现为学习主体内部诸因素(知、情、意、信、行)与外部环境各要素(外部信息、环境、社会规范等)的互动。学生是教育质量评价效果的最终体现者,学生作为学习的主体,主导着学习过程,并对其中的信息进行主动选择。学习过程中的主客体互动就是指学习主体从可感知的情境中有效筛选信息,并根据已知构建新知,通过自身知、情、意、信等循环往复运动,把思想品德认识转化为相应的思想品德行为,并发展为良好行为习惯的过程。其实质是学习主体对所学知识、所在环境进行评价,并主动地、有选择地消化吸收,把社会规范内化于心、外化于行的过程。

(一)内化过程中的互动

在思想政治教育的内化阶段,学习主体在一定的学习情境中,以自己已有的认识水平为基础,自觉地选择、消化、吸收社会要求,从而转化为个体意识,即内化于心。具体表现在以下几个方面。

1.感受阶段的评价:形成正确的认识

思想品德认识是思想道德情感及其行为的基础,受教育者的情、意、信建立在正确的认知基础上。学生作为学习主体,不是一个消极的信息储存系统,不是被动接收信息的容器。学习主体是一个自我决定者,他们根据自身独特的内部机制对外部信息进行选择和取舍,积极地从可感知的情境中选择有效信息,并根据自己已有知识经验进行新的构建。当所学知识与学习主体的已有知识、经验相契合时,学习主体就会形成积极的评价,学习动机就会增强,有效接收的信息量就会增大,学习效果就会提高。反之,如果学习主体形成消极评价,学习动机就会削弱,学习效果就会降低。因此,管理主体、教育主体应为学习主体提供良好稳定的外部环境和有效信息,促使学习主体形成积极评价,从而使思想政治教育的相关理论知识真正入脑入心。

2.分析阶段的评价:坚持正确的价值导向

学习主体对外部相关因素的评价,对相关信息的选择和取舍,本身就包含了一定的价值判断。学习主体通过对知识所负载的价值进行不断地认知、体验、评价、探索，进行深层次的思想与道德反思，做出自己的价值判断。学习主体对信息环境进行分析判断的过程，也是将认识感知上升到情感层次的价值体验过程，同时也是一个自我教育、自我评价的过程。当个人价值导向与社会道德规范出现不一致时，学习主体能够用马克思主义理论的相关知识来分析问题，能够以社会主义核心价值观来对照和要求自己，自觉抵制错误思潮，批判错误思想，消弭杂音，坚持本心，促使自己形成符合社会要求的品德信念。管理主体、教育主体要注重学习主体在教育实践过程中主观能动性的发挥，采用启发、引领的方式，促使学习主体坚持正确的价值导向。

3.预定目标的评价：锻炼坚强的品德意志

学习主体在习得思想品德的过程中，要坚持一定的品德行为进而形成行为习惯，还需锻炼自己坚强的意志品质，这主要表现为学习主体自觉克服困难和排除障碍的毅力。品德意志的培养，需要学习主体从自身条件和客观环境出发，对预定达到的品德目标进行评价，从中选择最优目标，而后制订计划，采取行动，克服困难，从而实现预期目的。预定品德目标应坚持"品德目标与学习主体品德之间保持适度张力"的原则。目标太高或者太低，均不利于学习主体品德意志的形成。

（二）外化过程中的互动

思想政治教育的外化过程，是指受教育者把自身在内化阶段已经形成的个体意识自觉地转化为自身的外在行为，并养成相应的行为习惯。外化阶段的"行"是自觉的，而非他人或者外力强迫所致，只有学习主体充分发挥主体作用，注重自我教育、积极进行自我评价，才能促进内在思想道德向外在道德行为的转化。外化阶段的评价主要从以下几个方面展开。

1.动机活动阶段的评价

动机虽然不与行为一一对应，但动机引发行为。学习主体内在动机越强、动机越纯，越有利于道德行为的产生。学习主体对动机活动的评价，表现为学习主体反思的自觉，即学习主体经过自我分析、自我反省后主动调整心理状态,激发思想的矛盾运动,加速知行转化。

2.行为选择阶段的评价

由于主客观条件的限制,在一定发展时期,学习主体内在的知、情、意、信、行等要素在发展方向和发展水平上并不完全一致和平衡,从而导致诸因素之间出现不同程度的矛盾,如知行脱节等。对行为选择阶段的评价,表现为学习主体对行为导向的自我调节、自我控制,调节行为选择与道德动机相一致,与外界环境相一致,促进行为选择的科学性。

3.习惯养成阶段的评价

良好习惯的养成不是一蹴而就的,它需要学习主体在选择道德行为的基础上做出持之以恒的努力,并坚持不懈地践行。学习主体对习惯养成阶段的评价,是学习主体对道德行为的持久性、道德的稳定性等方面进行自我审视的过程,也是学习主体不断进行自我教育、提高自我修养的过程。

思想政治教育过程中的内化与外化并不是完全割裂的两个过程,而是对立统一、相互依存、相互渗透的。内化是外化的前提和基础,外化是内化的目的和归宿,内化中有外化,外化中也有内化。需要指出的是,在内外化过程中,教育者对外部环境的创设对学习主体的教育引导等也起着重要作用。

第八章

核心素养视域下思想政治理论课教学质量评价体系优化

核心素养视域下思想政治理论课教学质量评价体系构建，首先，要以党建为引领，以立德树人为根本任务，发挥教育工作内部和外部的协同合力。其次，要分析目前核心素养视域下思想政治理论课教学质量评价体系构建过程中出现的问题和因素。最后，从教育对象接受质量评价、教育过程质量评价、教育结果质量评价、教育队伍质量评价和方式方法方面着手，优化核心素养视域下思想政治理论课教学质量评价体系。

第一节 核心素养视域下思想政治理论课教学质量评价体系构建的指导思想和核心要素

党的十八大以来，习近平总书记多次在会议以及和高校师生的座谈会上提到育人标准。党的十九大报告提出"全面贯彻党的教育方针，落实立德树人根本任务……培养德智体美全面发展的社会主义建设者和接班人"的总要求；2018年，习近平总书记在北京大学师生座谈会上进一步阐释了高校育人的目标；在全国教育大会上对教育质量内涵、教育事业规律和质量提升的原则做了深刻论述。这些重要论述进一步深化了对大学生思想政治教育工作质量的认识和把握，要求在高校整体工作中定位大学生思想政治教育工作质量，突出表现为在高校党的建设统领下完成大学生思想政治教育工作，将大学生思想政治教育工作质量与立德树人的目标任务相关联，注重大学生思想政治教育工作内部和外部的协同合力。构建高校思想政治理论课质量评价体系必须要有正确的指导思想指明方向。

一、以党建为统领，开展大学生思想政治教育工作

大学阶段是学习专业知识、提升专业实践能力、树立良好思想道德观念与政治信仰的关键阶段。高校思想政治教育工作开展要始终坚持立德树人，以思想政治为引领，做好高校大学生党建工作，掌握高校大学生思想价值取向，这样才能为国家培养出专业素质高且具备优秀品质的人才。在高校教育体系中，思想政治教育作为教育教学的重要一部分，在各学科教育中都要贯穿思想政治教育理念，而思想政治教育工作开展则离不开党建工作的引领。把握高校党建在大学生思想政治工作中的统领作用，主要体现在以下四个方面。

一是以党的建设指导大学生思想政治教育工作。中国共产党作为领导中华民族实现伟大复兴的核心，需要一代又一代愿意投身中国特色社会主义事业的青年接续奋斗，这就要求持续不断培养社会主义合格建设者和可靠接班人。思想政治工作是学校各项工作的生命线，贯彻落实党的教育方针政策，首先要在大学生思想政治工作中坚持党的领导。高校党委和各级党组织认真贯彻落实党的教育方针，完成上级党组织各项工作任务，为大学生思想政治教育工作举旗定向。以党的建设为引领，能够保持鲜明的政治底色。

二是在党的建设中汲取丰富的理论滋养和实践支撑。高校大学生思想政治教育蕴含于高校党的建设之中，党的二十大报告中着重提出加强党的建设质量，相应地，大学生思想政治教育工作质量也构成了高校党的建设质量的重要维度。新时代大学生思想政治理论课教学质量评价体系建设，集合了党的建设对新时代新形势的回应，思想政治工作因事而化、因时而进、因势而新的过程，高等教育质量提升目标和新时代青年成长发展的一般规律。标准的制定和评价的重点，突出反映了大学生思想政治教育中党的建设工作的具

体落实。

三是推进思政教师在思想政治建设中创造新作为。现阶段，高校青年教师思想政治建设的主要内容包括思想教育引领、师德师风建设、政治信仰教育和课程思政建设。把党的思想政治建设放在首位，是教育事业发展的内在要求，应始终坚持党的领导，用党建理论指导青年教师开展形式多样的思政教育活动，使党员教师在基层党组织的日常生活、学习和活动中践行社会主义核心价值观，充分彰显党建工作在青年教师思想政治建设中的引领作用。

四是丰富和深化组织育人的内涵和实效。党的十九大报告中首次提出"组织力"的概念，确保党的基层组织能够贯彻落实党的方针路线政策和决策部署，能够成为宣传党的主张、贯彻党的决定、领导基层治理、团结动员群众、推动改革发展的坚强战斗堡垒。全国高校思想政治工作会议上提出"七个育人"，其中就包含组织育人，要求高校依托各级各类组织，加强组织建设，在大学生思想政治教育中发挥党团组织、班集体、学生社会团体以及各类新型组织的凝聚力和向心力。从组织力的要求来看，用高校党的建设来统领大学生思想政治教育工作，体现出两者目标任务的统一性。

二、以立德树人为根本任务，定位大学生思想政治教育质量

高校的根本任务在于立德树人，全国教育大会上将坚持立德树人根本任务作为对我国教育事业规律性认知的深化[1]。规律的提出就是质量提升的内涵，作为教育改革发展的经验，既是高等教育质量的题中之义，也是质量提升的目标和方向。全国高校思想政治工作会议、全国教育大会等多次关于教育的重要会议上，总结教育经验和规律，宏观层面指引着教育领域依据什么标准、遵循什么规律、如何作为，微观层面则是高校立德树人根本任务的完成度。大学生思想政治教育质量的科学性，也突出体现在高校人才培养质量中。

---

[1] 习近平在全国教育大会上强调：坚持中国特色社会主义教育发展道路 培养德智体美劳全面发展的社会主义建设者和接班人[N].人民日报，2018-09-11(1).

新时代新形势,"改革开放和社会主义现代化建设、促进人的全面发展和社会全面进步对教育和学习提出了新的更高的要求"。我国高等教育办学规模和年毕业人数已居世界首位,但规模扩张并不意味着质量和效益增长,走内涵式发展道路是我国高等教育发展的必由之路。关于培养人才的标准,习近平在北京大学同师生座谈时提到,"就是要培养社会发展、知识积累、文化传承、国家存续、制度运行所要求的人"①。从古今中外的人才培养对比,"每个国家都是按照自己的政治要求来培养人的,世界一流大学都是在服务自己国家发展中成长起来的。我国社会主义教育就是要社会主义建设者和接班人"。现代大学的建立已经跨过了多个世纪,有的一流大学更是持续运行了数百年,育人的主体、客体、环境和方法都在发生不断的更迭,而育人标准则相对稳定而持久。思想政治教育工作质量评价是动态发展的,更是有着举旗导航的指导意义,不仅是对以往工作的评定,更是对未来预期的方向把握,要在动态变化中找到前后一致贯穿的标尺,就更多体现在人才培养的德行标准上,"要把立德树人的成效作为检验学校一切工作的根本标准"。思想政治教育要围绕立德树人来开展,质量评价也要围绕立德树人的落实和实效来回答。

三、注重大学生思想政治教育工作内部和外部的协同合力

思想政治教育工作的开展集中体现在人才培养的效果上。大学生思想政治教育工作质量评价旨在回应"培养什么人、怎样培养人、为谁培养人"的根本问题,首要的就是回应"培养什么人"的根本问题。高校思想政治理论课教学质量评价应在提升人才培养质量中发挥什么作用与如何定位高校思想政治理论课教学质量评价的关系。近年来,高校思想政治理论课教学质量评价研究的范围越来越宽广,围绕《关于加强和改进新形势下高校思想政治工作的意见》陆续出台了一系列政策文件和工作举措,提供政策指导和方向引导,在具体指标上提出评价依据和支撑,旨在构建科学合理的思想政治理论

---

① 习近平在北京大学考察时强调:抓住培养社会主义建设者和接班人根本任务努力建设中国特色世界一流大学[N].人民日报,2018-05-03(01).

课教学质量评价体系。这些政策和工作，有的着眼于高校思想政治教育全局，有的围绕高校大学生、课程教材、教师考核评价等，对于高校思想政治教育工作各具体模块的评价研究也越来越多，集中反映了不同层面对于人才培养质量提升的普遍期望。

要注重大学生思想政治理论课教学质量评价指标的借鉴和结果的运用。大学生思想政治教育是一项复杂的系统工程。教育效果往往不是单一向度的，也不是某项工作独立达成的，要借鉴吸收现有各类评价中人才培养的指标和要素，形成能够被采纳使用的通用标准，才能促进评价结果的应用和评价工作的改进。《关于加强和改进新形势下高校思想政治工作的意见》提出坚持全员全过程全方位育人，把立德树人作为根本任务，融入思想道德教育、文化知识教育、社会实践教育各环节，把思想政治工作贯穿教育教学全过程，把思想价值引领贯穿教育教学全过程和各环节，形成教书育人、科研育人、实践育人、管理育人、服务育人、文化育人、组织育人长效机制。既要在"三全育人""七个育人"中找准大学生思想政治教育的着力点，体现其贡献度，又要厘清大学生思想政治教育如何与其他教育类型形成合力，真正融入人才培养中，完善了育人环境，确保底线，营造氛围；保障了育人方向，达到了扎根中国大地办大学的效果；提升了育人效果，培养了大学生核心素养，助力大学生健康成长和全面发展。

大学生思想政治理论课教学质量评价要注重外部协同，形成合力。大学生思想政治教育工作是思想政治教育的一个阶段，是全学段思想政治教育工作的环节之一，突出体现了高校育人与其他阶段的不同特点和要求。当前，各地正在针对大中小学制定德育工作内容和标准，解决不同学段思想政治教育工作有所区分同时又顺利衔接的问题，同时说明大学生思想政治教育质量标准要针对大学生群体制定。学校教育是家庭、学校、社会多方作用的其中一个方面，家庭教育的效果可能长期伴随一个人，会在大学或其他阶段显现出来，不能仅从结果来判断工作质量的高低，要叠加大学生成长经历、生活背景等家庭元素来考虑，通过家校合作最终实现"1+1>2"的效果。大学生生活成长在具体的社会情境中，社会是重要的教育载体，也是教育效果显现的重要平台。北京市开展《北京普通高等学校党建和思想政治工作基本标准》检查时，就对完成落实全国和北京市高校思想政治工作会议重点工作情况，以及北京市安排的50项重点任务进行专门统计分析，精确掌握每个高校工作进展情况，突出体现了学校教育呼应社会需要。

第二节 核心素养视域下思想政治理论课教学质量评价体系中存在的主要问题及影响因素

随着核心素养视域下思想政治理论课教学质量评价体系构建的不断推进，各评价主体的意识不断提升，也取得了一些成效，但是在这个过程中，也因为对这一体系认识不足、理论深度不够等多方面因素而产生一些问题，亟须解决。

一、核心素养视域下思想政治理论课教学质量评价体系中存在的主要问题

当前依然存在部分高校对思想政治理论课教学质量评价核心素养落实不到位、评价标准缺乏权威性、评价方法简单、评价内容不够全面、信度与效度不高等现象。

（一）核心素养落实不到位

第一，缺乏核心素养导向。高校思想政治理论课教学应当将核心素养的培育要求贯穿其全过程，关注学生调动知识、技能、情感、态度、价值观等方面的资源战胜复杂情境的能力。但是，目前还有部分教师对大学生核心素养的内容以及如何融入思想政治理论课教学等还并不清楚，只是把事实性的知识或概念等同于学生获得的真实性学业成就，将传统的应试要求带进课堂教学和评价，导致思想政治理论课教学质量评价的理念、方法、内容和结果都过分关注学生对于基础知识的掌握，而对学生复杂能力和素养的考查不够重视。仅重视对学生基础知识层面的评价，难以促进学生对复杂概念的掌

握和运用，更不用说去提升学生解决复杂问题的能力。要解决这一问题只有将学科核心素养的培育要求作为方向上的指引，课堂学习评价才能将目光转向对学生能力和素养的综合评价。

第二，核心素养落实不全面。导致这个问题的首要原因是教师核心素养挖掘能力不强，即教师并不明确什么内容需要核心素养理念引领，在评价的过程中，自然难以进行合理评价。也有的教师在挖掘核心素养元素时牵强附会，在教学中泛泛而谈，学生无法认识到这是核心素养培育。其次，教师在研究教材时不透彻，无法将全部核心素养元素挖掘出来，导致落实得不全面。在评价过程中自然无法在核心素养视域下进行科学的质量评价。

（二）评价标准缺乏权威性

系统科学的高校思想政治理论课评价体系有促进思想政治理论课教师提升教学效果的作用，是达成教学目标的第一指挥棒，评价的权威性来源于科学、全面、客观的评价体系。思想政治理论课教学质量的评价是一项十分艰巨、复杂的工程。当前各高校应用的评价标准的问题之一就是缺乏权威性。

首先，在国家层面上缺乏系统性的制度保障，行业内专家没有达成一致共识并制定科学而统一的评价标准，使得学校思想政治理论课的评价工作因缺乏威慑力和专业性、科学性而失去了权威性。另外，评价标准缺乏权威性也会导致评价人员的主观因素对当前高校思想政治理论课教学评价产生不利影响。价值判断结果的客观性在一定意义上取决于评价人员本身的知识水平和道德素养，思想政治理论课课程评价是一项带有一定主观性的价值判断活动，因为课堂教学评估的实施主体是具有主体性的个人，难免影响到评价结果的客观性。如何建立一整套具有客观性的评价体系，是保证评价权威性亟须解决的问题。

（三）评价方法简单

评估的指导思想大多不明确或不尽合理，能够全面收集学生情况的信息渠道不畅通，缺乏必要的激励学生主动进行思想政治理论课教学的措施。对教师实践教学效果的评估，多数只看是否进行了理论和实践教学，是否达到规定的学时数，对教学的过程和效果基本上不进行评估；对学生成绩的评估，基本上是一种终结定性评估，即教师根据学生上交的作业、调查报告、心得体会等有形文字资料进行主观上的综合评估；不重视学生学习过程中表现出的能力、创新精神、心理素质等，忽视学生在学习过程中的具体行为。在评估主体方面，主要是教师评估学生，较少有学生评估教师，学校教学管理部门也很少评估教师和学生。

（四）评价内容不够全面

现行的思想政治理论课教学质量评价偏重于对思想政治理论知识的考核而忽视对学生的行为、能力、思想政治觉悟、价值观等方面的考查。实际上，对于大学生而言，他们缺少的并不是思想政治理论知识，而是作为大学生应当具有的理想信念、情感和行为。教师很难通过一纸试卷对学生的道德水平、思想感情、政治态度和主流价值观进行考核。因此，这些评估内容明显不符合实践教学评估的规律，其评估结果也是令人怀疑的。思想政治理论课教学在课程教学评估内容上，过多倚重学生上交的文字材料，而忽视了学生的实际收获，即实践能力、创新精神、心理素质等方面的变化情况的考查；过分重视学生参与实践活动的结果，而忽视学生在实践过程中的具体表现。例如，在思想政治理论和实践教学中，教师认为只要参加某个实践活动或参加后交一篇实践报告（或心得体会）就算完成任务。这样既不利于实践教学质量的提高，更会错失通过社会实践活动培养学生创新意识、锻炼学生实践能力、增强学生心理素质的良机。

（五）缺乏科学的评价量表

评价量表是对学生课堂学习进行量化评价的重要工具，科学的教学评价量表能够针对学生的多种能力和素养表现设立相应的评价指标，使得评价内容丰富且合理。同时，核心素养具有复杂性、内隐性和多样性，评价量表自身所具备的客观性、标准性和简便化的特点，能够很大程度上满足对学生核心素养的评价要求。但目前大学思想政治课堂学习评价对于评价量表的使用并不普遍，表现为很多教师缺乏可供利用的课堂学习评价量表，也有部分教师对自己的评价量表感到不满意。缺乏科学的评价量表使得教师进行课堂学习评价时，既没有具体的表现性评价标准，也没有明晰的适用于该标准的具体任务，教师通常按照自己的主观经验和偏好对学生的学习情况进行不对称的主观评价，教师在评价内容和评价方法的选择上自由发挥的空间太大，规范性不足，使得整个评价过程显得杂乱无章。由于难以对学生的学习情况进行量化评估，无法通过客观的数据呈现出学生的学习效果，使得教学质量评价呈现出感性有余而理性不足的现象，评价的结果也必然缺乏客观性和科学性，这极大地限制了课堂学习评价功能的发挥。

（六）评价体系陈旧

自思想政治理论课教学质量评价体系提出以来，不断发展。但是，将核心素养融入思想政治理论课教学质量评价体系的研究和实践还很少，核心素养视域下高校思想政治理论课教学质量评价体系整体上还不完善，使得教师在开展评价时的理念、评价任务和标准的制定、内容和方法的选择、对评价主体的把握等方面都落后于时代的要求。比如，对于评价内容和评价标准没有系统性和可操作性评价体系去做出全新安排，而依旧围绕着学科基础理论知识设计评价内容和标准。再如，在评价方法的运用上，缺乏对多样化评价方法的利用和开发，依旧以单一的纸笔测验为主；在评价主体方面，依旧是以教师作为单一的评价主体，学生缺少参与评价的机会而只能被动地接受评价。

（七）评价体系的信度与效度不高

思想政治理论课教学质量评价体系，最重要的是在实践中得到应用。由于当前思想政治理论课教学评价体系缺乏实践根源和实践检验，存在应用不到位的现象。评价体系在进行评价评估之后，想要真正起到督促激励效果，还要配合进一步的奖惩来完善这一激励机制，应该不断挖掘和发展，完善和丰富考评机制，使评价体系的应用得到实现。如果仅仅是走过场，没有广泛应用，那么无论是多么完善科学、多么先进合理的评价体系，最终也无法摆脱形同虚设的命运。信度与效度是衡量评价体系、评价标准的重要指标。信度保证评价的可靠性,同样的教学场景,多次检测,检测评价结果是一致的。效度保证评价的有效性,反映检测结果与考查内容的吻合程度,评价体系不但包括内容效度,还包括结构效度、权重效度等。思想政治理论课质量评价体系必须坚持实现两者的统一,就要求科学运用评价方法,合理界定评价对象,建构合理的评价结构,建立科学的评价模型,确定科学的指标权重,充分检验后再予以制定和实施。

二、核心素养视域下思想政治理论课教学质量评价体系的影响因素

理论研究深度不够、构建评价体系的方法不科学等因素,都会影响核心素养视域下思想政治理论课教学质量评价体系的科学性和完善。

(一)理论研究深度不够

评价理论来源于评价实践,又反过来指导评价实践。科学的理论可以为教学实践提供正向的指导,理论研究深度直接影响评价实践活动成效。在思想政治理论课评价实践过程中,存在一定的"想当然""拍脑门"的现象,不经过科学严谨的论证、设计、计算,凭主观、直觉建构教学评价指标体系、指标标准。这就导致思想政治理论课评价指标体系的理论支撑十分薄弱,缺乏实证性和科学性,容易经不起推敲。同时,用指标体系对思想政治理论课教学进行评价,其实是利用了经济学和管理学的概念,指标体系的制定者往往在设计指标体系时忽略了其他学科的理论基础,生搬硬套地将指标体系盲目移植到思想政治教育领域中,对深入其他学科寻找并研究相关的理论知识存在畏难情绪,导致对指标体系的研究和设计都浮于表面,华而不实,学术性不强,这会大大降低评价指标的时效性,影响评价结果的准确程度。指标体系的理论研究深度不够是影响思想政治理论课教学评价指标体系建构的一大重要原因。

(二)构建评价体系的方法不科学

科学方法是人类在认识世界、改造世界过程中,采用符合科学一般原则的方法和手段,科学方法目的在于客观、正确地反映事物

本身。构建思想政治理论课评价指标体系，一是需要通过调查研究获得适合本地区、本领域的真实数据；二是需要运用科学的研究方法确定指标权重，保证指标的效度与信度；三是经过实践的检验，需要不断地动态调整。

在各高校思想政治理论课评价指标体系构建过程中，存在定性测量过多、定量测量过少的现象。对需要明确、需要定量研究的评价标准，简单用衡量程度的选项来代替。如在课堂教学过程中对"学生抬头率"这一问题的调查，某调查问卷分为：一直听课、多数时间听课、偶尔听课、基本不听课四个选项。这四个选项只能大体上说明情况，具体边际指向并不是特别清晰，实际上将此调查结果作为课堂学生听课状态考评依据无法实现，也难以推行，其描述方式是不科学的。

在思想政治理论课评价指标体系构建过程中，指标体系权重的确立是一项科学工程，需要综合运用多种科学方法。一般来说，侧重于数理逻辑的德尔菲法、层次分析法，需要结合访谈法、个案研究等研究方法。由于综合两种方法需要大量精力、人力，操作繁杂，现实中思想政治理论课评价工作往往偏重一种方法。在思想政治理论评价指标体系建构过程中，筛选指标、构建模型需要将层次分析法与专家访谈法等结合起来，经过多次反复才能确保指标体系的效度与信度。

评价实践过程中，经常存在一个量表适用一切地点、一切场合、一切情景的情况。不同学校办学层次并不一样，面对的教师和学生也不一样，采用一个评价标准，不符合学校发展的状况。随着思想政治理论课环境的不断变化，评价指标及其权重需要相应调整。

（三）对于教与学的理解不到位

在我国，早在殷商时期的甲骨文中就出现了"教"与"学"二字。《学记》中提出"学然后知不足，教然后知困。知不足，然后能自反也；知困，然后能自强也"。教学，是教师和学生以课堂为主渠道来进行的交流过程，是教师的教和学生的学的统一活动。在教学过程中，学生和教师都是主体，而且是人格绝对平等的主体。教育者和受教育者作为思想政治教育过程中的两个主体，无论离开哪一个，教育教学过程都不够完整。

教学过程是教与学的互动过程，既是知识的交流，也是情感的互动。课堂与教学的关系受到实践活动的影响，课程与教学密不可分，不可孤立地存在，必须把二者结合起来进行整体性研究。目前，部分高校应用的思想政治理论课教学质量评价体系过于注重对教学结果的测评而忽略了课堂本身，存在着重结果而轻过程的风气。优秀的思想政治理论课不但需要知识深度，也需要情感温度，对师生情感联系的评估也应该作为重要内容之一。部分思想政治理论课教师在课余与学生的情感交流和沟通不够，课堂教学过程中往往重知识传递，轻情感交流。课后高校教师与学生之间处于情感上的疏离状态，两者之间基本处于无联系的状态。课后师生之间无联系，导致情感上的疏离，使思想政治理论课教师失去了展示其学术风采和人格魅力的机会，也失去了帮助学生将所学知识运用到实际生活中的机会。认识到思想政治理论课是知识传授与情感交流的统一，才能确立全面的评价体系。

（四）对评价的重要性认识不足

近年来，党中央高度重视思想政治工作，强调高校思想政治理论课的主阵地的重要意义，高校对思想政治理论课教学重要地位的认识不断攀升，但对思想政治理论课教学质量评价工作的认识还不充分。中央宣传部、教育部《关于印发〈普通高校思想政治理论课建设体系创新计划〉的通知》（教社科〔2015〕2号）就明确指出，思想政治理论课建设自身还存在许多困难和不足：一些地方和高校对思想政治理论课仍然重视不够，政策条件保障尚未落实到位，思想政治理论课在高校考核评价体系中的地位和作用不够突出；统筹推进教材修订完善、教师队伍建设、教学方法改革的意识不强，思想政治理论课建设体系尚未完全形成；教师队伍建设不适应思想政治理论课改革发展需求，整体素质亟待提升；改革创新的手段不多，制约思想政治理论课针对性实效性的瓶颈亟待突破；有效整合全社会资源的力度不够，思想政治理论课建设全员全方位全过程育人的格局仍需巩固。

第三节 核心素养视域下思想政治理论课教学质量评价体系的优化策略

核心素养视域下高校思想政治理论课教学质量评价的开展,要推进教育对象接受质量评价,激励核心素养培育;推进教育过程质量评价,注重能力培养;推进高校教育结果质量评价,强化素养引领;推进队伍质量评价,提供队伍保障;构建科学合理的评价方式方法,提供方法保障。

一、推进高校思想政治教育对象接受质量评价——激励核心素养培育

核心素养视域下,对高校思想政治教育对象接受质量进行评价,关注接受对象核心素养培育的评价,要评价接受对象学习(活动)之所是(信念)、所愿(情志)、所能(能力)。在对接受对象理论知识评价的基础上,要对其素养品质进行评价。

(一)科学对待考试和学习测验评价效果

考试或学习测验仍然是了解和掌握高校思想政治教育对象接受质量的一种有效的方式。美国学者格朗兰德曾经针对核心素养评价给出了一则评价公式:评价=测量(定量描述)+非测量(定性描述)+价值判断。我国学者参考这一公式,提出了以"评论—评估—评测"作为核心素养评价的综合体系。在这个公式中,"评测"依然可以通过纸笔测试对接受对象进行评价。在思想政治教育对学生经过一定时段的学习或培训之后,有必要对其学习情况进行考查和检测,以使思想政治教育对象巩固这一阶段的学习,同时也为教育者下一阶段的教学安排提供参考依据。因此,考试或学习测验仍然是可以采用的基本办法。需要注意的是,在使用考试这一办法时,要辩证地灵活地看待和分析思想政治教育对象的考试结果,对思想政治教育对象通过考试所反馈的信息要灵活解读,尤其是不能以一时

的学习成绩来判定受教育者的学习状况，不要着急下结论，懂得考试所具有的参考意义。如若不然，就有可能违背评价的初衷。在运用考试这一方式时需要平等地对待每位教育对象，既发挥考试所具有的区分、甄别和选拔的功能，更重要的是，还要发挥考试所具有的诊断、改进和激励及促进思想政治教育对象的发展的功能，唯有如此，才能避免出现只重考试分数而不重实际运用的现象。同时，教师还要探索能够反映学生核心素养的考题，以反映学生的真实情况。

（二）重视与学生的日常交流和沟通

同教育对象建立起亦师亦友的良好关系，以便在这种经常性的互动中全面掌握思想政治教育对象的接受质量。需要指出的是，思想政治教育对象的接受质量情况不是一次或几次考试就能反映出来的，为了准确和全面地把握，还需要加强与思想政治教育对象的日常交流和沟通，重视采用面对面交谈的方式，利用这种从日常相处中得来的信息来丰富和完善教育者对受教育的认识和评价。与此同时，教育者通过这种日常的相处，增加了对教育对象的认识和了解，有助于增加教育的针对性和适应性，以便教育者采取更加适合于教育对象的方式来开展思想政治教育，从而改善和提升思想政治教育的效果，并且教育者还可以通过这一方式及时发现问题，及时引导和教育，以避免受教育者产生一些不必要的误读或出现不符合社会规范的行为。

因此，在把握思想政治教育对象的接受质量情况时，要多增加与思想政治教育对象之间的互动和相处机会，相关教育工作者和教师在这种日常的相处中当好受教育者成长道路上的良师益友，真正同受教育者交知心朋友，同他们平等地分析和讨论问题，通过这样一种耐心细致的深入交流的方式全面把握受教育者的学习情况和思想道德状况等。

（三）给予学生更多的人文关怀和心理疏导

在日常的关怀中加深对思想政治教育对象学习情况的认识和把握。很多时候，当教育者试图考察和评价思想政治教育对象的接受质量时，会遇到来自受教育者的不理解或排斥心理，表现为受教育者时常会对这种评价敬而远之，不愿意配合教育者的评价工作。这其实是与思想政治教育工作质量评价的特殊性质相关的，即"思想政治理论课教学质量评价不同于一般企业评价、行政评价、管理评价，而是一种学术评价和业务评价，而思想政治理论课又是意识形态内容强烈的课程评价，因此思想政治理论课教学质量评价应遵循思想政治理论课教学管理的特殊性"①。正是基于评价中所掺杂的意识形态性等元素，使得对思想政治教育对象接受质量的评价工作具有一定的敏感性，难免使教育对象对评价工作产生心理负担，而不愿意表露或分享他们的真实情况。面对这种情况，加强对思想政治教育的人文关怀和心理疏导就尤为重要，向思想政治教育对象解释清楚评价的真实用意，舒缓他们的敏感情绪和排斥心理。其中，人文关怀具体包括询问和了解思想政治教育对象的心声、要求及甘苦，并有针对性地提供帮助，同他们建立起深厚的感情和信任，以此获得更多真实有效的信息。

（四）创新性运用新的技术手段和沟通方式

在新时代条件下，教育者要及时运用新的技术手段以及沟通方式（包括运用新的语言词汇等）加强与思想政治教育对象的联系，拉近同他们的距离，以获得更多真实的和及时的反馈信息。党的十九大报告明确指出："经过长期努力，中国特色社会主义进入了新时代，这是我国发展新历史方位。"思想政治教育及其质量评价也已然处于新的历史方位和时代背景中。高校思想政治教育对象的接受质量评价工作也不例外，同样处于新的时代条件之下。在这一新的时代条件下，对高校思想政治教育对象的接受质量所展开的评价工作具备了一些新的特点或挑战（包括思想政治教育对象的群体更加庞大；思想政治教育对象所受到的来自社交媒体等网络新环境的影响日益增强。除了传统的教学场所和环境，网络日益发展成为新的教育阵地等），这促使教育者要在新的背景下探索和运用新的评价理念和手段方法。其中，一个很重要的方面就是要利用好网络这一新的教育阵地，通过各种网络社交媒体了解和掌握思想政治教育对象的

---

① 余双好.关于思想政治理论课教学质量评价问题的思考[J].学校党建与思想教育，2018(13).

学习和运用情况，分析新时代条件下思想政治教育对象所出现的新的学习和交流方法，学会使用思想政治教育对象所熟悉的语言和新潮词汇等来拉近同他们的距离。总之，只要是有利于收集和整理思想政治教育对象学习和接受效果的方式和途径都可以运用，不断根据新的需要探索和运用新的评价方式和手段。

二、推进高校思想政治教育过程质量评价——注重能力培养

思想政治教育是不断发展和完善的过程，实施高校思想政治教育工作质量评价也是一个系统性工程。科学评价高校思想政治教育工作过程质量，既要关注当下可见的实际工作和效果，又要坚持动态的、发展的眼光，关注思想政治教育的发展过程和长期效果。同时，要立足核心素养培育，不仅关注学生习得什么，还要关注学生"能做什么"。

（一）坚持过程性、全面性、及时性

所谓"过程性"是指对思想政治教育过程的关注，这里"过程"是相对于结果性评价的"结果"而言的。过程性评价并不是只关注过程而不关注结果，更不是单纯地观察思想政治教育过程，而是具有导向性的评价方式。它强调通过关注思想政治教育目标、内容、方式方法的选择等达到提升思想政治教育效果的目的，实现从过程到结果的良性循环。因此，评价指标的科学合理性有待加强，评价体系有待加强。近年来，思想政治教育过程评价日益受到重视，各单位相继形成了较为完整的思想政治教育工作评价体系，但很多细节却尚未明确与完善。高校思想政治教育过程的质量评价包括对思想政治教育对象、队伍、管理者，以及思想政治教育的各个具体要素的评价，如何制定科学的、可操作性的评价体系和具体指标，是一项富有挑战性的工作。高校思想政治教育过程质量评价以往通过评价工作组以听取汇报、发放问卷、深度访谈等形式了解掌握思想政治教育的开展情况、教育效果，重点关注教育教学环节、人才培养情况、育人资源和力量，以及学生对知识层面教育目标的完成情

况等整体情况。加强高校思想政治教育过程质量评价，应该通过长期的追踪、观察、反馈，了解掌握思想政治教育的发展变化过程及趋势，重点关注思想政治教育的动态变化以及长远效果。

（二）坚持发展性、创新性

发展性是指思想政治教育不仅要从静态上来评价，而且要从动态上来评价，旨在通过评价环节审视人的情感、认知、行为习惯、理想和信念等方面的已有水平和状态，采取有针对性的完善措施，以更好地促进这些方面的发展。思想政治教育过程质量评价往往制定评价指标难度较大，而且可操作性和难度较大。思想政治教育工作质量评价是一个价值判断过程，必须依据一定的价值判断标准来进行，这个价值标准具体要借助一系列的指标表现出来，因而实施思想政治教育过程的质量评价是一个动态性、系统性工程。思想政治教育是一个不断发展和完善的过程，实施思想政治教育工作质量评价也是一个动态性、系统性工程。高校思想政治教育的目标是面向未来，以发展为目的的，然而其工作效果的呈现却通常具有一定的滞后性，需要一个逐步显现和不断提高的过程，这就决定了要科学评价思想政治教育过程质量的重要性，既应关注当下可见的实际工作和效果，又应坚持动态的、发展的眼光，关注思想政治教育的发展过程和长期效果。

（三）提升内容全面性、目标多元性、结果科学性

新时代高校思想政治教育必须紧扣"培养什么人、怎样培养人、为谁培养人"这一根本问题。思想政治教育过程性评价强调坚持以人为本的原则，重视连续性。思想政治教育工作中如果忽视个人需要的满足和个人的自我发展完善，就会使受教育者失去自觉接受外在思想道德影响的内在动力，而且会使他们把思想政治教育视为一种外在于个人需要的、来自国家或社会的外在要求，从而导致受教育者疏远甚至反感思想政治教育。在高校思想政治教育评价过程中，对于硬件内容，是比较确定和比较容易测量与评价的，可以凭借科学方法和技术手段运用定量分析进行评价，如思想政治理论课出勤率、思想政治教育活动开展的数量、学生就业率等；对于软件内容，

基于思想政治教育的特殊性，其工作效果主要体现为人的思想变化以及由思想变化带来的外在行为的变化，如对大学生思想水平、政治觉悟、道德品质、文化素养等的评价，存在不好精确测量、不易量化的特点，难以进行精确的、科学的评价。

因此，高校思想政治理论课教育过程质量评价体系需要进一步科学化、精细化，使内容更全面、目标更多元、结果更科学。同时，过程评价涉及的思想政治教育因素较多，一般需要采集的数据量较大，过程比较烦琐，需要耗费大量时间。因此，高校思想政治教育的过程评价要始终坚持把人作为思想政治教育的主体和根本，通过建立健全思想水平、政治觉悟、道德品质、文化素养等全方位的评价指标体系，确立以培养有理想、有本领、有担当的时代新人为评价目标体系，在确保社会主义办学方向的基础上，倡导和秉承以人为本、立德树人的思想政治教育理念，为培养担当民族复兴大任的时代新人奠定坚实的思想政治基础。

三、推进高校思想政治教育结果质量评价
——强化素养引领

核心素养视域下，对高校思想政治教育结果质量进行评价，首先要强化素养引领。评价主体应立足核心素养内涵，建立评价标准，设置评价指标。其次，对于思想政治理论课教育结果质量评价应该站在整体的角度来把握高校思想政治教育最终的实际效果。这个最终的效果与思想政治教育的本质有关，与思想政治教育目的有关，与思想政治教育的方向有关。这个思想政治教育最终结果体现着思想政治教育的社会本质，体现了思想政治教育目的，体现了思想政治教育归根结底为谁服务以及这种服务的状况。对此，推进高校思想政治教育结果质量评价应该做好如下几点工作。

首先，要重点检测这个最终的结果是否实现了以马克思主义指导思想为根本，以理想信念教育为核心，以社会主义核心价值体系和价值观为引领，以教育对象全面发展为旨归，深入推进习近平新时代中国特色社会主义思想进教材、进课堂、进头脑；是否形成全员全过程全方位育人格局，切实提高思想政治教育的亲和力和针对

性；是否着力培养德智体美劳全面发展的社会主义建设者和接班人，着力培养担当民族复兴大任的时代新人，不断开创高校思想政治教育工作新局面，形成系统完善的高校思想政治教育工作供给体系。高校思想政治教育结果质量，本质上是思想政治教育为党和国家事业发展及人民发展需要提供服务的状况或水平。

其次，要重点检测这个最终的结果是否牢牢把握住社会主义方向，坚持以马克思主义为指导，坚持党对思想政治教育的领导，坚持中国特色社会主义道路自信、理论自信、制度自信、文化自信；是否坚持办好思想政治理论课，发挥好哲学社会科学育人功能，加强高校各类阵地建设管理，加强教师队伍和思想政治工作队伍建设；是否强化问题导向，弘扬改革创新精神，做到高校思想政治工作因事而化、因时而进、因势而新，在破解高校思想政治工作短板上取得实质性进展；各级党委是否负起把关定向、统筹指导、建强班子的责任，把思想政治工作纳入党建工作和意识形态工作责任制，确保各领域成为坚持党的领导的坚强阵地；组织、宣传、教育等部门是否各负其责，形成齐抓共管的工作格局；各级党委是否履行好管党治党、创新体制机制，改进工作方式，把党建和思想政治工作优势转化为高校思想政治教育引领的优势。

最后，要重点检测这个最终的结果是否实现了为人民服务，为中国共产党治国理政服务，为巩固和发展中国特色社会主义制度服务，为改革开放和社会主义现代化建设服务。高校思想政治教育工作质量是为党和国家事业及人民发展需要提供的一种服务，因而也需从其对党和国家事业其他工作的保障作用角度来评价高校思想政治教育结果质量。只有满足了党和国家事业及人民发展需要，为党和国家事业的发展提供了保障服务，为人民的全面发展提供了科学指导，才能说是高质量的高校思想政治教育结果。高校思想政治教育结果质量不仅是工作质量评价的集中体现，也是进一步开展思想政治教育的必然要求。高校思想政治教育最终结果体现着思想政治教育的社会本质，体现了思想政治教育目的，体现了思想政治教育归根结底为谁服务以及这种服务的状况。因此，新时代推进高校思想政治理论课教育结果质量评价，要重点检测思想政治教育是否实现了为人民服务，为中国共产党治国理政服务，为巩固和发展中国特色社会主义制度服务，为改革开放和社会主义现代化建设服务。

四、推进高校思想政治教育队伍质量评价——队伍保障

思想引领是思想政治教育工作之重，但前提是高校思想政治教育队伍首先要树立思想引领意识，这是思想政治教育工作实施的关键。对于高校思想政治教育工作者而言，重要的是要明确自己"弘扬主旋律，传播正能量"的工作任务，要完成好这项任务，则需要在工作中时刻怀揣"弘扬主旋律，传播正能量"的思想引领意识。这也是实现思想政治教育根本目的的需要，也是高校思想政治教育队伍质量评价的重中之重。

高校思想政治教育队伍质量评价要体现大局观。高校思想政治教育队伍应有纵贯全局的工作重点与着力点的规划，规划就要有大局意识，这是规划的指导思想，也是找准思想政治教育工作重点与着力点、保证思想政治教育有效性的整体策略。

高校思想政治教育队伍质量评价要注重对高校思想政治教育队伍创新性的评价。随着时代的发展，思想政治教育的环境与条件都发生了巨大变化，创新是必然要求。做好思想政治教育工作，比以往任何时候都更加需要创新。但是，高校思想政治教育要创新，首先是高校思想政治教育队伍要有创新意识，这是增加思想政治教育实效性的重要途径。如果高校思想政治教育工作者思想封闭僵化、不思进取，则思想政治教育必然落后于时代，不仅起不到积极作用，相反会因为人们对其教育方式与方法的厌恶而起消极作用。思想是行动的先导，理念决定努力的方向。高校思想政治教育工作者面对信息化、全球化的新时代要有思想的敏锐性和开放度，要能及时发现社会生活与人们思想的新变化，把握时代发展的脉络，要有世界的眼光与开阔的胸怀，努力增强创新意识。因此，对高校思想政治教育队伍创新性的考核是高校思想政治教育队伍质量评价的重要内容。

开展高校思想政治教育队伍质量评价，加强高校思想政治教育队伍对政治认同、情感认同、价值认同的评价，建立一支"政治强、业务精、纪律严、作风正"的高校思想政治教育队伍，是当前提升

高校思想政治教育实效的重要举措。党和国家始终把建设高素质、高质量和高水平的思想政治教育队伍摆在重中之重的位置，思想政治教育队伍质量如何直接决定着思想政治教育各项工作的具体开展。

将高校思想政治教育队伍的政治认同纳入高校思想政治教育队伍质量评价体系。民心是最大的政治，认同是最强的力量。人民群众对于中国特色社会主义强大和稳定的认同，是我们党和国家继往开来的力量之源，有利于构筑中国精神、中国价值、中国力量。对政治的认同需要传播与引导，高校思想政治教育工作者就是"传道者"，传道者自己首先要明道、信道，要做先进文化的传播者、党执政的坚定支持者，努力成为大学生健康成长的指导者和引路者，要自觉承担起这份神圣使命。这就要求高校思想政治教育工作者首先加强政治认同，加强对中国特色社会主义和党的领导的自觉认同，不断增强道路自信、理论自信、制度自信和文化自信。同时，要勇于正视我国发展中存在的一些不可回避的问题，如发展不平衡、生态环境恶化、收入差距大、民生短板等损害党和政府的公信力；如西方政治价值观、意识形态、政治制度和观念的传播造成马克思主义失语、失声、失踪，冲击着社会主义意识形态。高校思想政治教育工作者对待这些问题的态度和方式，直接影响着大学生对党和政府的认知和评价，决定着大学生是否能够成为合格的社会主义建设者和接班人。因此，高校思想政治教育队伍的政治认同应该成为高校思想政治教育队伍质量评价的基本要素。

将高校思想政治教育队伍的情感认同纳入高校思想政治教育队伍质量评价体系。教育心理学中有一个著名的"罗森塔尔效应"，它给我们的启示就是当教师不断通过自己的情感、语言和行为向学生传递关爱、信任和期望时，学生就会变得自尊、自信、自强，从而取得异乎寻常的进步。"罗森塔尔效应"的教育本质就是情感认同，要用情感的教育去感染学生，用理性的教育去说服学生。做好思想政治工作，要因事而化、因时而进、因势而新，无论是课堂教学，还是日常思想政治教育管理，都要力求提升思想政治教育的亲和力和针对性，满足学生成长发展需求和期待。这就要求高校思想政治教育队伍不仅要有基本的政治认同，坚持正确的政治方向，还要根据学生全面发展的需求，加大情感投入，从心里真正认可这份工作的责任与使命，从内心感到光荣和自信，使思想政治教育工作更接地气、更聚人气、弘扬正气。高校思想政治教育队伍质量评价要加强对高校思想政治教育工作者情感认同的评价，一方面，可以考察思想政治教育队伍的履行职责情况；另一方面，可以根据反馈有目的地对部分思想政治教育工作者进行教育引导，促进其思想转变，增强对高校思想政治教育工作的情感认同。

将高校思想政治教育队伍的价值认同纳入高校思想政治教育队伍质量评价体系。价值认同是指人们对于基本价值的倾向性共识和认可，价值认同是所有认同的基础所在，是认同的核心和灵魂。社会主义核心价值观是我们社会主义国家的价值理念和价值追求，为中国特色社会主义事业提供源源不断的精神动力和道德滋养。广大高校思想政治教育工作者要做社会主义核心价值观的坚定信仰者、积极传播者、模范践行者，要教育引导大学生正确认识时代责任和历史使命，用中国梦激扬青春梦，激励大学生自觉把个人的理想追求融入国家和民族的事业中。这就要求高校思想政治教育队伍不仅要有基本的政治认同，有饱满的情感认同，更要具有坚定的价值认同。价值认同是政治认同的有效提升，也是情感认同的理性表达，全面推进和整体提升思想政治工作实效，就要倡导高校思想政治教育队伍对思想政治教育工作的自发认可、自觉提升、自愿坚守。思想政治教育目标的实现，需要社会主义核心价值观的支撑。因此，将高校思想政治教育队伍价值认同纳入高校思想政治教育队伍质量评价体系，才能保证在思想政治教育过程中思想引领的正确性，为大学生思想政治教育引领正确航向。

五、构建科学合理的评价方式方法——方法保障

要坚持常规工作评价与重点任务督查相结合、常态合格评价与阶段总结评优相结合、内部多方评价与外部专项评价相结合，构建科学的评价方式。

（一）常规工作评价与重点任务督查相结合

大学生思想政治教育的常规工作，主要分为思想政治理论课和

日常思想政治教育两个方面。2017年9月，教育部印发《高等学校马克思主义学院建设标准（2017年本）》，标准设一级指标、二级指标和具体要求三级评价体系，包括10个一级指标和21个二级指标，共56项具体要求，详细规定了教学课程、师资队伍、学院建设等方面要求。2019年3月，习近平总书记主持召开学校思想政治理论课教师座谈会并发表重要讲话，对思想政治理论课教师提出了"政治强、情怀深、思维新、视野广、自律严、人格正"的要求，要求思想政治理论课改革创新在思想性、理论性和亲和力、针对性上下功夫。坚持政治性和学理性相统一、坚持价值性和知识性相统一、坚持建设性和批判性相统一、坚持理论性和实践性相统一、坚持统一性和多样性相统一、坚持主导性和主体性相统一、坚持灌输性和启发性相统一、坚持显性教育和隐性教育相统一。这些要素提供了思想政治理论课质量的观测点。2016年，全国高校思想政治工作会议上提出"七个育人"，教育部据此制定发布《高校思想政治工作质量提升工程实施纲要》，从"课程、科研、实践、文化、网络、心理、管理、服务、资助、组织"十个方面提出了具体的目标、任务和要求，提供了划分日常思想政治教育的主要任务和内容，一体化构建内容完善、标准健全、运行科学、保障有力、成效显著的高校思想政治工作质量体系。

　　大学生思想政治教育有着鲜明的时代特征，需要关注社会热点呼应时代需要，又要研究每一代青年的不同特点，不断完善思想政治教育的供给侧。同时大学生思想政治教育有着鲜明的窗口期，在中短期的时间维度上需要集中完成特定任务或解决突出问题，只有把握好时间节点、充分有效供给，才能取得良好的效果。最近几年，大学生思想政治教育将先后迎来"庆祝中华人民共和国成立70周年""全面建成小康社会""庆祝中国共产党成立100周年"等重大时间节点和重要事件，是近期开展大学生思想政治教育的鲜亮底色，同时也是重点任务。在这些重点任务中谋划和设计大学生思想政治教育质量标准，围绕这些主题，激发大学生青春梦融入中国梦，引导大学生以青春之我贡献祖国，加强爱国主义教育，厚植家国情怀，可以从工作贯彻落实的角度来衡量，也可以通过学生学思践悟的效果来评判。

（二）常态合格评价与阶段总结评优相结合

大学生思想政治教育是一项集合了组织、计划、实施、评价和反馈的整体性工作。评价的目的是为了不断加强和改进工作，应着眼于了解把握状况，以常态合格评价为主，加强支持和培育，阶段性总结评优，注意评价的适度性。

在高校人才培养的过程中，思想政治教育质量评价将沉淀为日常制度、常规工作、常态督导等形式，成为必不可少的环节之一。在高校运行管理的日常工作中，评价无处不在、无时不在，对大学生思想政治教育工作的常态评价，可以分为政策合规、典型培育、负面清单三个维度。在政策合规方面对相似类型、规模、特色的学校，建立相对一致的标准体系，同一类型的学校使用相同标尺，具体细节有所区分；在典型培育方面更多考虑实效性，定量与定性相结合，在立德树人的总体要求下，更多反映高校办学和育人的差异化；对于负面清单按照严重等级进行不同程度划分。综合考虑以上三个方面的评价情况，对高校思想政治教育工作做出判断。

合规评价中，可以广泛使用大数据的理念和手段。首先，思想政治教育的主体、客体、环节、流程、结果等诸多方面都会沉淀大量的信息，这些信息有不少可以用数据的方式储存下来，形成洞察、分析、决策和判断的依据。其次，信息或数据的选取和组合，能够从一个侧面塑造和重构思想政治教育的行为、场景和结果，从而拓展思想政治教育质量评价的方式方法。通过大数据的方式开展工作质量评价，已经在高等教育各类排名、绩效分析、咨询决策中广泛应用，需要尽快建立高校内部和高校全体的基础数据平台，特别是以学生为中心的学习生活经历、过程、结果等基础观测点，才能做出相对准确的研判和决策。最后，要针对高校不断研发思想政治教育的评价模式模型产品，如高校学生党建工作评价体系、学生就业质量评估模型、学生心理健康标准等等，系统化考虑，有重点推进，以点带面，形成具体工作领域可供对比的评价参考，进而建立全国、地方和高校三级数据监测平台，互通互联，形成互动。

新时代大学生思想政治教育的制度规范不断健全，管理经验更加丰富，思想政治教育更加系统化科学化，要不断健全完善思想政治教育机制体制，遵循规律，加强协同，使其成为思想政治教育的积极因素，充分发挥其正向外部性，才能持续、有效地开展质量评价工作。思想政治教育工作质量标准建立、评价开展、示范创建的工作，习惯沿用改革开放试验田的工作思路，通过广泛试点、积累素材、提炼经验、形成制度，推广普及的方式，总结把握提升思想政治教育工作质量的路径方法，不断释放思想政治教育的内生动力。

（三）内部多方评价与外部专项评价相结合

做好高校思想政治教育工作顶层设计，完善管理架构和体制机制，充分激发教育事业发展生机活力。思想政治教育工作质量评价不仅是对内的，也要充分考虑社会效应，采纳社会评价，包括对高校、对学生、对教师的声誉评价，用人单位评价等等，提升教育服务经济社会发展能力。教育部印发的《新时代高校思想政治理论课教学工作基本要求》提出，"综合评价教学质量。要建立健全多元评价机制，采用教师自评、学生评价、同行评价、督导评价、社会评价等多种方式，对教师教学质量进行综合评价"。多元评价成为趋势，体现在思想政治教育各项工作中。

充分尊重教育主体和客体的主体性，是遵循教育规律的要求。大学生思想政治教育质量以高校为整体对象，其内部主客体有着多种类型，教育的多主体和受教育者对同一问题的看法和判断需要互相印证，即便是教育主体内部，如大学生思想政治教育的组织策划和实施开展，一般经由高校管理者顶层设计，一线教育工作者具体实施，学生既受到直接教育，同时也在感受规则规范、文化氛围、体制机制影响的过程中潜移默化受到教育，其中不同人群对同一项工作质量的赋权赋值可能存在差别，获取信息和评价结果的方式方法需要区别对待，在采纳多方意见的基础上加权考量，得出结论。即便是教育多主体之间，有的是管理者，有的是执行者，评价的结果也不尽相同。

高校需要对人才培养开展持续性评价。全社会对更高质量教育的需要，一部分转化为对质量评价的需求，同时，大学生思想政治教育的长期性和内隐性导致效果的显现需要长时段的观察。主要发达国家和国外一流高校从学生就业发展状况的维度,在持续追踪调研方面进行了多年积累,国内高校在就业质量报告这一内容上进行了尝试,部分高等教育研究机构或企业有的通过课题研究的方式跟踪调查,有的通过电话网络调查的方式收集数据,客观上推动了第三方评价机构和评价方式的完善发展。进一步丰富大学生校内培养和校外发展的信息和数据,形成大学生成长发展的长期画像,从而反思和完善教育过程,是未来开展质量评价工作的重要方式。

附　录

附录1：高校思想政治教育工作质量评价基本标准（参考）

一级指标	二级指标	测评标准	测评结果	测评方式
1.组织领导与治理架构	1.1 工作定位与思路	1.大学生思想政治教育工作纳入学校事业发展规划 2.立德树人在学校人才培养方案中有具体体现 3.有全员全过程全方位育人的明确举措	符合三项标准为A；符合其中两项为B；符合其中一项为D	材料审核问卷调查
	1.2 领导体制与工作机制	1.建立由学校主要负责人担任组长的大学生思想政治教育工作领导小组，每学期至少召开一次专门工作会研究思想政治教育工作 2.学校将大学生思想政治教育与教学、科研、社会服务工作同时部署、同时检查、同时评估 3.有贯彻落实全国高校思想政治工作会议及《关于加强和改进新形势下高校思想政治工作的意见》（中发2016〔31〕号）的实施办法 4.学校相关部门有明确的大学生思想政治教育工作职责并完成相应任务 5.学校主要领导每年分别到堂听思想政治理论课不少于学时，班子成员为学生讲党课或思想政治理论课，经常联系学生形成制度 6.常态开展学生思想动态调研，有基层思想政治教育工作考核制度	符合六项标准为A；符合其中四项为B；符合其中三项为C；其余情形为D	材料审核

一级指标	二级指标	测评标准	测评结果	测评方式
2.队伍建设	2.1 党政干部及共青团干部队伍	1.对学校党政干部及共青团干部组织、协调、实施大学生思想政治教育工作有明确要求 2.每年对学校党政干部及共青团干部履行大学生思想政治教育工作有考核 3.对党政干部及共青团干部从事思想政治理论课、大学生党课团课等教学有具体管理措施 4.选聘党政机关和企事业单位党员领导干部专家学者以及老干部、老战士、老专家、老教师、老模范从事思想政治教育或党务工作	符合四项标准为A；符合其中两项为B；符合其中一项为C；其余情形为D	材料审核
	2.2 思想政治理论课与哲学社会科学课教师队伍	1.实行思想政治理论课专任教师任职资格准入制，专任教师按不低于师生1∶350的比例配备，新任专职教师应为中共党员 2.鼓励支持思想政治理论课专任教师攻读马克思主义理论相关学科学位 3.思想政治理论课专业技术职务高级岗位的比例不低于学校平均水平，不得挪作他用，在重点报刊目录上的成果纳入考量，试行不合格思政课教师退出机制 4.对思想政治理论课专任教师的专业技术职务评定，注重考核教学能力和教学实绩 5.按照要求选送思想政治理论课专任教师和哲学社会科学课教学科研骨干参加全国和省（区、市）培训、研修，每学年至少安排四分之一专任教师开展社会实践和学习考察活动 6.对思想政治理论课教师的表彰纳入学校各类教师表彰体系，并为思想政治理论课教师确定一定比例，进行统一表彰	符合六项标准为A；符合1和其余标准中三至四项为B；符合其中三项为C；其余情形为D	1、2、3、5、6材料审核，4材料审核及实地考察与学生满意度测评

续表

一级指标	二级指标	测评标准	测评结果	测评方式
		1. 按师生比不低于1∶200的比例设置一线专职辅导员岗位，按照专兼结合、以专为主足额配备，有辅导员选聘办法，选聘工作符合要求 2. 每个班级配有班主任，职责明确 3. 青年教师晋升高一级专业技术职称，须有至少一年担任辅导员或班主任工作经历并考核合格 4. 制定辅导员相关条例，落实"双线"晋升要求。对专职辅导员专业技术职务单列指标，单设标准，单独评审，注重考查工作业绩和育人实效 5. 落实辅导员相应职级和待遇，有辅导员、班主任工作考核办法和年度考核结果，定期评选表彰优秀辅导员、班主任，并纳入教师表彰体系 6. 辅导员的培养纳入学校师资和干部培训规划和人才培养计划，开展队伍轮训，每名专职辅导员每年参加不少于16个学时的校级培训，享受专任教师培养同等待遇，鼓励支持辅导员在做好工作的基础上攻读相关专业学位	符合六项标准为A；符合1和其余标准中三至四项为B；符合其中三项为C；其余情形为D	材料审核
3. 思想政治理论课	3.1 思想政治理论课教育教学	1. 独立设置直属学校领导的与学校其他二级院（系）行政同级的思想政治理论课教学科研二级机构，并配齐机构主要负责人，班子成员是中共党员 2. 统一开设全校思想政治理论课，推行中班教学班级规模原则上应在100人以内，统一管理思想政治理论课教师，统一负责马克思主义理论学科建设 3. 思想政治理论课建设列入学校事业发展规划，作为学校重点课程建设，有条件的院校同时应作为重点学科建设	符合六项标准为A；符合1和其余标准中三项为B；符合其中三项为C；其余情形为D	材料审核与实地考察

续表

一级指标	二级指标	测评标准	测评结果	测评方式
	3.1 思想政治理论课教育教学	4.落实规定的思想政治理论课规定课程和学分及对应的课堂教学学时 5.使用马克思主义理论研究和建设工程重点教材、高校思想政治理论课统编教材 6.落实思想政治理论课专项经费。专项经费提取标准为本科院校每生每年不低于20元，专科院校每生每年不低于15元	符合六项标准为A；符合1和其余标准中三项为B；符合其中三项为C；其余情形为D	材料审核与实地考察
	3.2 形势与政策教育	1.作为必修课列入教学计划 2.落实规定的课时和学分 3.制定并落实形势与政策课集体备课制度 4.有地方党政领导干部、企事业单位负责人、社科理论界专家、各行业先进模范、校院两级领导、名师大家和专业课骨干教师、日常思想政治教育骨干为学生作形势政策报告的常态办法	符合四项标准为A；符合其中三项为B；符合其中两项为C；其余情形为D	1、2、4材料审核，3材料审核和与实地考察
4.学生日常教育与管理服务	4.1 思想理论教育和价值引领	1.开展习近平新时代中国特色社会主义思想宣传教育 2.加强国家意识、法治意识、社会责任意识教育，加强民族团结进步教育、国家安全教育、科学精神教育，纳入日常课程体系，利用重要节庆日、重大事件开展爱国主义教育 3.开展社会主义核心价值观教育和"我的中国梦"主题教育 4.制定和实施体育、美育和劳动育人常态工作方案	符合四项标准为A；符合1和其余标准中两项为B；符合1和其余一项为C；其余情形为D	材料审核

续表

一级指标	二级指标	测评标准	测评结果	测评方式
	4.2 党团和班级建设	1. 建立校院（系）两级领导班子成员、职能部门主要负责人联系指导学生党支部工作制度，确保所有学生党支部都有人经常联系，定期开展学生党性分析 2. 强化基层条件保障。基层单位配备专职组织员，选拔骨干教师、优秀辅导员或高年级学生党员担任学生党支部书记，将学生党建纳入班主任工作内容 3. 探索在课题组、学生公寓、学生社团、实践队设立功能型党组织。对不转组织关系、不在校住宿、出国学生党员明确管理办法 4. 将党支部、团支部和班集体建制统筹设计，建立党校、团校，定期按量完成教育培训工作 5. "两学一做"学习教育形成常态化制度化，在全体党员中开展"不忘初心、牢记使命"主题教育，引导党员充分发挥先锋模范作用 6. 按规定发展学生党员校、院组织员、基层单位党委委员列席学生党支部组织生活会和党员发展会。注重团组织推优和党员推荐的发展方式，重视发展少数民族学生入党 7. 校级团组织独立设置，院（系）、班级团学组织健全。充分发挥各级团组织在团员教育、管理、服务、推优等工作中的作用 8. 按规定开展党团组织生活，有党团和班级活动经费，定期交纳党费和团费 9. 有学生社团管理办法，实行社团登记和年检制度，配备社团指导老师，有明确责任制	符合九项标准为A；符合1和其余标准中六项为B；符合其中五项为C；其余情形为D	材料审核与师生满意度测评

续表

一级指标	二级指标	测评标准	测评结果	测评方式
	4.3 学风建设	1.学风建设和科学道德教育有计划、有措施,有经常性教育活动,做到全员、全过程、全覆盖 2.有学业辅导、学业预警相关机制 3.指导学生开展课外科技学术实践活动形成常态、形成品牌	符合三项标准为A；符合两项为B；符合一项为C；其余情形为D	材料审核
	4.4 学生日常事务管理	1.学校有学生管理办法,明确学生权利和义务,有学生奖助、处分、申诉相关制度机构 2.开展入学教育、毕业生教育及相关管理和服务工作,建设学生日常一站式服务机构或平台 3.开展国防宣传教育,组织开展学生军事训练,纳入必修课,完成征兵任务 4.有学生资助工作机构和专职工作人员,家庭经济困难学生资助经费达到学校事业收入一定比例,经费专款专用 5.组织评选各类奖学金、助学金。合理认定家庭经济困难学生,指导学生办理助学贷款。组织学生开展勤工俭学活动,做好学生困难帮扶。为学生提供生活指导,开展资助育人工作取得实效	符合五项标准为A；符合四项为B；符合其中三项为C；其余情形为D	材料审核
	4.5 心理健康教育与咨询工作	1.有校级心理健康教育和心理咨询机构,有专门的心理咨询场所 2.按师生比不低于1∶4000的比例配备专职从事心理健康教育的教师,且不少于2名 3.有用于大学生心理健康教育和心理咨询的专项经费 4.对新生开设心理健康教育公共必修课,面向全体学生开设心理健康教育选修和辅修课程,实现大学生心理健康教育全覆盖	符合七项标准为A；符合1和其余标准中四至五项为B；符合其中四项为C；其余情形为D	材料审核

续表

一级指标	二级指标	测评标准	测评结果	测评方式
	4.5 心理健康教育与咨询工作	5.建立有校院（系）学生班级宿舍四级心理健康教育工作网络，有学生心理危机预防与干预体系 6.每年开展新生心理健康普查，在校学生建有心理健康档案 7.定期开展心理健康宣传教育活动	符合七项标准为A；符合1和其余标准中四至五项为B；符合其中四项为C；其余情形为D	材料审核
	4.6 职业规划与就业创业指导	1.有学生就业创业教育的专门机构并按要求配备专职工作人员 2.就业创业指导课程纳入学校课程体系 3.有学生到基层、到西部和到重点行业、重点领域建功立业典型，配套先进典型奖励制度 4.实施"大学生创新创业训练计划"，支持开展创新创业实践、竞赛，配套学生创业孵化制度，鼓励学生成立创新创业类社团	符合四项标准为A；符合其中三项为B；符合其中两项为C；其余情形为D	材料审核
	4.7 社会实践与志愿服务	1.将实践育人工作纳入学校教学计划，落实规定的学时学分，原则上哲学社会科学类专业实践教学不少于总学分（学时）的15%，理工农医类专业不少于25% 2.建立相对稳定的实践育人基地 3.有学生参加社会实践活动的年度计划，定期组织志愿服务，开展社会实践活动 4.支持、组织学生开展志愿服务和公益活动，深入开展学雷锋活动，志愿服务纳入学分 5.及时表彰宣传实践育人先进典型，定期召开实践育人经验交流会、座谈研讨会	符合五项标准为A；符合其中四项为B；符合其中三项为C；其余情形为D	1、3、4、5、6材料审核，2材料审核与实地考察

续表

一级指标	二级指标	测评标准	测评结果	测评方式
5.育人环境	5.1 校园安全稳定	1.有维护安全稳定的综合防控机制和突发事件紧急处置预案 2.有校园舆论阵地建设与管理办法，涵盖校园宣传栏、报纸杂志、电视广播和新媒体阵地 3.落实"一会一报""一事一报"，有讲座、报告、研讨、论坛等审批制度 4.按需要设置校园安全标识，有残疾人辅助便道，校园安全通道畅通 5.有抵御和防范利用宗教对学校进行渗透的措施和办法 6.有抵御和防范境内外敌对势力对学校进行渗透和破坏的措施和办法 7.有与当地党委、政府及有关部门的信息沟通制度 8.经常性开展学生安全教育，定期开展逃生等防灾演练活动	符合六项以上为A；符合四项以上为B；符合两项以上为C；其余情形为D	1,2,4,5,6,7材料审核，3实地考察，8材料审核与实地考察
	5.2 家庭与社会参与	1.学校建立并落实家校对接制度 2.学校与办学所在地有合作育人工作方案，每年组织开展合作育人活动	符合两项为A；符合一项为B；其余情形为C	1材料审核，2材料审核与实地考察
	5.3 网络育人	1.建有网络思想政治教育体系 2.积极推进大学生网络社区建设，开展网络思想政治教育活动，有网络文化典型作品 3.有专门的网络用户归口管理部门，有完善的校园网络舆情监控工作机制 4.有校园网站登记、备案制度，校内实行用户上网实名注册	符合四项标准为A；符合其中三项为B；符合其中二项为C；其余情形为D	材料审核

续表

一级指标	二级指标	测评标准	测评结果	测评方式
	5.4 文化育人	1.有校园文化建设总体规划，有明确牵头部门负责，有校园统一标识 2.有校训校徽、校史陈列馆（室） 3.结合传统节庆日、重大事件和开学典礼、毕业典礼等开展主题教育活动 4.定期开展学生宿舍及生活园区文化活动 5.努力开展校园文化创新，有文化育人活动品牌 6.学校定期举办中华优秀传统文化、革命文化和社会主义先进文化活动	符合六项及以上标准为A；符合其中四项为B；符合其中三项为C；其余情形为D	3、4、5、6材料审核，1、2材料审核与实地考察
6.条件保障	6.1 学生教育活动设施建设	1.建有专门的学生活动用房，学生活动设施齐全并得到充分利用 2.学生宿舍楼或生活园区设有学生活动室 3.学生思想政治教育活动有空间、场馆、平台等资源保障	符合三项标准为A；符合其中两项为B；其余情形为D	材料审核与实地考察
	6.2 经费投入	1.大学生思想政治教育工作经费设立专门预算科目，经费做到专款专用 2.大学生思想政治教育工作经费占学校上一年度政府拨给的事业费和收缴的学生培养费或学杂费总收入的比例应逐年增长 3.学校其他经费中有用于"三全育人"的预算	符合三项标准为A；符合其中的两项为C；其余情形为D中的两项为	材料审核
	6.3 科学研究	1.设立大学生思想政治教育专项研究课题和课改项目 2.设立辅导员工作室、学术团队等 3.辅导员科研成果纳入学校整体奖励安排	符合三项标准为A；符合其中的两项为材料审核C；其余情形为D	材料审核
测评结果		根据以上23项二级指标获得A的总数(用X表示)，得出测评结果：X>15，二级指标无C或D，结论为A；X>12，且二级指标无D，结论为B；X>10，结论为C；其余情形为D		

附录2：高校思想政治教育工作评价方案

本评价方案主要适用于地方性普通高等院校的思想政治教育评价。

1.指导思想

马克思主义人学思想是马克思主义哲学的核心内容和实质部分，是思想政治教育的重要理论基础和直接理论依据。马克思主义人学理论包括人的存在理论、人的本质理论、人的发展理论。思想政治教育工作本质是对人的思想政治教育，因此对思想政治教育的评价也要以马克思主义人学思想为指导思想。

2.高校思想政治教育工作评价指标体系的构成

本评价方案的评价指标体系分为一级指标、二级指标和三级指标三个层次。一级指标包括高校思想政治教育主体、高校思想政治教育客体、高校思想政治教育环境三项，二级指标7项，三级指标24项。

3.综合评价的等级标准与做法

对学校思想政治教育工作综合评价结论分为优秀、良好、合格、不合格四种，三级指标的评价等级分为A、B、C、D四个分数。其中A=10、B=8、C=6、D=4，设三级标准的每一项为 $X_i\{i=1、2、3、……（1\leq i\leq 24)\}$ 其值可能为集合 $\{A_i\{i=1、2、3、……（1\leq i\leq 24)\}=10；B_i\{i=1、2、3、……（1\leq i\leq 24)\}=8；C_i\{i=1、2、3、……（1\leq i\leq 24)\}=6；D_i\{i=1、2、3、……（1\leq i\leq 24)\}=4\}$ 元素中的一个。则学校思想政治教育工作综合评价总分 $S= X_1+X_2+X_3…+X_{24}$；又 $D\leq X_i\{i=1、2、3、……（1\leq i\leq 24)\}\leq A$，所以 $S= X_1+X_2+X_3…+X_{24}\leq A_1+A_2+A_3+…A_{24}$，$S\leq 24A_1=240$ 即 $S\leq 240$；同理可证的 $S\geq D_1+D_2+D_3+D_4…+D_{24}$，即 $S\geq 96$；所以S的取值空间为 $96\leq S\leq 240$ 由此可推出S有中间值 $24B_i=192$；$24C_i=144$。则可设定当 $96\leq S<144$ 是为不合格的情况；当 $144\leq S<192$ 为合格的情况；当 $192\leq S<240$ 为良好的情况；当 $S=240$ 时为优秀的情况。其具体情况如下表所示，若想比较两个任意的S的优秀程度，只要比较它们的值即可，值越大越优秀，值越小则相反。本体系中的值不代表实际大小，只具备对比标度作用。

高校思想政治教育工作评价方案

一级指标	二级指标	三级指标	评价标准	评价方法	等级分值 A	B	C	D	实际得分
思想政治教育工作主体	思想政治教育工作者基本素质	思想道德法律素质	要有坚定的政治立场和政治信念良好的政治品德和优秀的政治水平、政策水平，要坚持解放思想、实事求是、大公无私、乐于奉献。具有法律知识、法律意识、依法办事	调查					
		知识能力素质	学历、职称配备情况符合相关规定。具有扎实的理论知识、宽广的文化知识和雄厚的专业理论知识	统计调查					
		创新素质	要有创新精神，能不断感受事物发展的新变化	统计调查					
		心理生理素质	应具备良好的身体素质和心理素质	调查					
	思想政治教育工作者基本职能	教育职能	教师要注意言传身教。既要注重理论的传授，又要注重组织实践活动，要有足够的爱心和耐心	调查观察					
		管理职能	学校管理工作体现育人导向，把严格日常管理与引导大学生自我管理结合起来	调查问卷					
		服务职能	教育工作者加强为学生服务的意识。教育者和被教育者之间是平等的，教师要用自己丰富的人生阅历对学生加以引导	调查观察					
思想政治教育工作客体	客体的日常学习	学习态度	学生对马克思列宁主义、毛泽东思想、邓小平理论、"三个代表"重要思想、科学发展观、习近平新时代中国特色社会主义思想有较深的认识，学习态度积极认真	调查观察座谈统计					
		学习成效	学生对思想政治教育教学满意度、到课率高，及格率高，成为社会主义建设者和接班人变成学生的追求	调查统计					
	客体实践活动	日常文化活动	学生党团积极向上、丰富多彩的校园文化活动	统计调查					

续表

一级指标	二级指标	三级指标	评价标准	评价方法	等级分值 A	B	C	D	实际得分
		社会实践活动	学校把社会实践活动纳入教育教学的总体规划和教学大纲，规定学时，提供必要经费，有相对稳定的社会实践活动基地，学校积极组织学生参加社会实践活动，学生在校期间每人至少参加一次社会实践活动	查资料调查					
		心理健康教育	有专门的心理健康教育工作机构，建立了学生心理档案，开设了心理健康教育选修课或专题	问卷调查查资料座谈					
思想政治教育工作环境	教育的物质条件	思想政治教育工作经费	思想政治教育经费充足，使用合理，符合相关文件的规定	调查统计					
		思想政治教育工作基础设施	思想政治理论课教师数量能够满足教学需要；有经费，图书资料有保障，有专门的办公场所，并有相应的设备，如电脑等。至少有一个操场，提供文化活动场地	现场查看					
		科研活动	有德育研究学术交流活动，德育科研成果多，研究成果能指导实践	查资料					
	思想政治教育机构	岗位制度	由校党委统一领导学校思想政治教育工作、各院系有分管思想政治教育工作的领导，个人职责分明	统计查资料					
		教育制度	要对日常的思想政治教育内容如政治学习、党组织生活、班集体活动，爱国主义教育等形成规定，按照规定办事	统计查资料					

续表

一级指标	二级指标	三级指标	评价标准	评价方法	等级分值 A	B	C	D	实际得分
		工作制度	要求日常的工作如会议制度、请示汇报、考核评估等形成制度	统计查资料					
		管理制度	有思想政治教育工作领导小组、有思想政治教育工作党政联席会议制度，有校、院系两级中心组学习制度，有思想政治教育工作奖惩制度，有师生政治学习制度	查资料座谈					
	精神风貌	校园风气及校园文化	校园环境文化氛围教育性强，学校形成浓厚正确的舆论宣传氛围	调查					
		教师工作环境	师生关系融洽，校园充分形成尊敬师长的氛围，师生心理健康	调查座谈查资料					
		学生的风气	学生品德测评合格率高，递交入党申请书的学生比例、学生党员比例高，考试作弊率低，学生获奖情况多，贷款学生还贷率高	查资料统计听课座谈					
		社会评价	学生与教师在社会上形象正面，上级部门对思想政治教育工作评价好，家长反映也好	查资料统计听课座谈					
总分				等级					
评语									

参考文献

[1] 马克思恩格斯全集：第3卷[M]．北京：人民出版社，1960．

[2] 习近平谈治国理政第一、二卷[M]．北京：外文出版社，2018、2017．

[3] ［美］B·S·布鲁姆等著，邱渊等译．教育评价[M]，上海：华东师范大学出版社，1987．

[4] 习近平在中共中央政治局第二十九次集体学习时强调：大力弘扬爱国主义精神 为实现中国梦提供精神支柱[N].人民日报，2015-12-31（1）．

[5] 习近平.把培育和弘扬社会主义核心价值观作为凝魂聚气强基固本的基础工程[N].人民日报，2014-02-26（1）．

[6] 习近平.在纪念五四运动100周年大会上的讲话[N].人民日报，2019-05-01（2）．

[7] 纪念马克思诞辰200周年大会在京举行[J].党史文苑，2018(6)．

[8] 习近平.在同各界优秀青年代表座谈时的讲话[N].人民日报，2013-05 -05（2）．

[9] 习近平.在同各界优秀青年代表座谈时的讲话[N].人民日报，2013-05 -05（2）．

[10] 习近平在全国教育大会上强调：坚持中国特色社会主义教育发展道路培养德智体美劳全面发展的社会主义建设者和接班人[N].人民日报，2018-09-11（01）．

[11] 习近平在北京大学考察时强调：抓住培养社会主义建设者和接班人根本任务努力建设中国特色世界一流大学[N].人民日报，2018-05-03（01）．

[12] 辞海[M].上海辞书出版社，1999：1756．

[13] 中共中央、国务院印发《关于加强和改进新形势下高校思想政治工作的意见》[N].人民日报，2017-02-28．

[14] 陈万柏，张耀灿.思想政治教育学原理[M].北京：高等教育出版社，2007(73)．

[15] 本书编写组.思想政治教育学原理[M].北京：高等教育出版社，2016．

[16] 艾四林.党的理论创新与思想政治教育[M].北京：人民出版社，2017．

[17] 拉尔夫·泰勒．课程和教学的基本原理[M].施良方译．北京：人民教育出版社，1994．

[18] 李雁冰．课程评价[M].上海：上海教育出版社，2002．

[19] 陈洪涛.高校思想政治理论课评价论[M].中国社会科学出版社，2011.

[20] 陈金龙.新时代思想政治理论课建设的思维方法：学习习近平总书记在学校思政治论课教师座谈会上的重要讲话[J]，思想理论教育，2019(4).

[21] 施良方.泰勒的《课程与教学的基本原理》：兼述美国课程理论的兴起与发展[J].华东师范大学学报（教育科学版），1992(4).

[22] 吴树芳，朱杰，王梓懿.浅析布鲁姆教育目标分类体系[J].教育现代化，2018，5(46).

[24] 佘双好.关于思想政治理论课教学质量评价问题的思考[J].学校党建与思想教育，2018(13).

[25] 刘建军.高校思想政治教育工作质量评价的必要性、可行性及其限度[J].学校党建与思想教育，2018(11).

[26] 侯衍社.因时而变，遵循规律，改革创新：高校思政课教学方法创新的若干思考[J].思想理论教育导刊，2017(9).

[27] 张金辉，梁博通.基于CIPP模型的大学生社会实践育人成效评价体系研究[J].学校党建与思想教育，2017(16).